Michaela Glöckler (Hrsg.)
Spirituelle Ethik

Michael Debus
Michaela Glöckler
Rüdiger Grimm
Rolf Heine
Ursa Neuhaus
Christine Pflug
Felicitas Vogt

Spirituelle Ethik

Situationsgerechtes,
selbstverantwortetes Handeln

Herausgegeben von Michaela Glöckler

Verlag am Goetheanum

Einbandgestaltung von Gabriela de Carvalho unter Verwendung von
Alexej Jawlenskys «Meditation» *Johannes der Täufer, 1936*
Copyright für alle in diesem Buch reproduzierten Gemälde von Jawlensky:
ProLitteris, Schweiz. Urheberrechtsgesellschaft, 8033 Zürich

Satz: Heiko Hanekop
Druck und Bindung: Freiburger Graphische Betriebe

ISBN 3-7235-1133-3

Inhalt

Die sieben sozialen Sünden:

Politik ohne Prinzipien
Wirtschaft ohne Moral
Wohlstand ohne Arbeit
Erziehung ohne Charakter
Wissenschaft ohne Humanität
Genuß ohne Gewissen
Kult ohne Opfer

Mahatma Gandhi

Zitiert nach Reginald Földy / Clemens Heidack (Hrsg.):
Die Kultur der Verweigerung. Das konstruktive Nein.
Wien, Köln, Weimar 2000, Seite 22

DIE FRAGE

Woher kommt das Gute?

Kommt es – wie Aristoteles es darstellte – durch natürliche Veranlagung und Erziehung in die Welt? Oder bildet sich ein guter Charakter durch Vererbung und Milieu, wie wir heute sagen würden?

Kommt es durch die Offenbarungen großer Religionsstifter und deren Tugendlehren unter die Menschen? Kommt es durch Vernunft und Wissenschaft zustande? Durch Aufklärung, die – wie schon Francis Bacon es in seinem Novum Organum Scientiarum fordert – alle «schönen Meditationen und Spekulationen» als «unnütz» zurückläßt?

Entspringt die Quelle des Guten aus der Beziehungsfähigkeit der Menschen untereinander, indem sie Sorge, Mitleid und Liebe empfinden?

Oder finde ich das Gute, indem ich mich entschließe, es zu tun – soweit meine Fähigkeit und mein Bewußtseinsvermögen reichen, meine Erfahrung wächst, sowie die Bereitschaft, aus Fehlern zu lernen?

Klaus Dörner schreibt in seinem äußerst lesenswerten Buch: *Der gute Arzt. Lehrbuch der ärztlichen Grundhaltung* (Hamburg 2000): ‹Lehrbuch› heißt mein Buch in bewußter Ironie; denn durch Lernen und Lehren kann man nur wissen, während man Erfahrungen, aus denen meine Grundhaltung sich entwickelt, nur machen kann. Aber warum sollte es neben den vielen anderen Lehrbüchern der Medizin, die alle ein bestimmtes Wissen vermitteln, nicht auch ein ‹Lehrbuch› dazu geben, wie man am besten Erfahrungen macht?» Ethik ist – so gesehen – weder lehr- noch lernbar, sie bildet sich am Leben für das Leben, aus der Arbeit für die Arbeit. Was lehr- und lernbar ist, sind Bewußtseinsprozesse, Gesichtspunkte und Anregungen für die Arbeit. Wir – die Autoren der hier vorliegenden Beiträge – suchen den Dialog mit Menschen, die auf dem Feld der Ethikausbildung tätig sind und mitarbeiten an dem weltumspannenden Netzwerk guter, entwicklungsfreundlicher Gesinnungen und Handlungsweisen.

Das 20. Jahrhundert hat die Quellen des Bösen in einer nie dagewesenen Weise offengelegt. Weltkriege als Macht- und Wirtschaftskämpfe, rechts- und linksradikaler Fundamentalismus, kollektiver Sozialismus, totalitäre Regimes, Militär- und Polizeidiktaturen, Völkermord und abgrundtiefer Haß haben das Schicksal ungezählter Millionen Menschen geprägt.

Gut und Böse haben gemeinsam, daß sie von außen auf uns wirken, aber auch mehr oder weniger bewußt aus dem eigenen Inneren aufsteigen und wirksam werden können. So können wir fassungslos vor Beispielen von Korruption und Verlogenheit stehen, wie sie uns täglich durch die Medien präsentiert werden, aber gleichzeitig die Tendenzen solchen Verhaltens in uns selbst nicht bemerken, weil eine Gefälligkeitslüge oder ein auf eine Gegengabe abzielendes Wohlverhalten oder Geschenk uns eher selbstverständlich und harmlos anmuten.

Der Terrorakt vom 11. September 2001, der das World Trade Center in New York vernichtete und das Pentagon in Washington schwer beschädigte, hat auf einen Schlag bewußt gemacht, was einzelne Menschen und gut vernetzte kleine Gruppen zu zerstören vermögen. Er hat aber auch ein Zeichen dafür gesetzt, daß das Individuum, der einzelne Mensch sich aus dem Gang der Menschheitsgeschichte nicht mehr «abmelden» und vollständig ins Privatleben zurückziehen kann. Noch nie hat ein Ereignis so weltumspannend und anhaltend die Zivilbevölkerung aufgerüttelt. Eine neue Qualität von Mitverantwortung und Mitsorge für den Gang der Geschichte zeigte sich. Vielleicht wird man später einmal sagen, daß damit die Demokratisierung von Verantwortung manifest wurde über den Rahmen der großen gesellschaftlich engagierten nichtstaatlichen Organisationen hinaus. Auch äußere Machtausübung und Führung funktionieren ja nur in dem Maße, wie die vielen einzelnen Menschen diese akzeptieren. Ebenso entscheidet sich, ob und wie Intelligenz dem Guten oder der Vernichtung dient im Seelen- und Geistesleben eines jeden Menschen. Welches aber sind die Kriterien, nach denen diese Entscheidung erfolgt?

Eine neue Ethik ist gefragt. Sie muß da ansetzen, wo der Kampf um die Menschlichkeit und das Menschsein heute stattfindet: in jedem Einzelnen. Die Zeiten sind vorbei, wo Entscheidungen von den Großen und Mächtigen für ein unmündiges Volk

getroffen wurden. Es kommt auf die vielen Einzelnen an. Dies zu
bemerken ist bereits der Anfang der neuen Ethik. So wie terrori-
stische Einzelaktionen und Gewaltanwendungen jede Gesellschaft destabilisieren und chaotische Zustände herbeiführen können, so können fundamentalistische Parolen, Gruppenmeinungen
und Ausgrenzungen in jedem einzelnen Menschen neutralisiert
und gestoppt werden, der den Mut hat, selber zu denken und Mitleid und Liebe zuzulassen.

Der durch die Zeitverhältnisse herausgeforderte Selbstfin-
dungs- und Selbstentscheidungsprozeß der Menschen ist Grundlage der Kulturentwicklung im 21. Jahrhundert. Das bedeutet
Chance und Tragik zugleich. Chance, weil dies ein wirklicher,
noch nie dagewesener Schritt in der Menschheitsentwicklung ist:
zwar von äußeren Autoritäten aus Wissenschaft, Politik und Religion zu lernen, sich jedoch nicht mehr unüberlegt von ihnen bestimmen zu lassen. Tragik, weil die Mächtigen diese Entwicklung
zur Selbständigkeit nicht durchweg schätzen und fördern und der
Wille zur Selbstentwicklung, der Motivation durch Wahrheits-
liebe und Mut zur Mitverantwortung bedarf.

Ethik als gute Sitte, moralische Haltung, insbesondere aber
als Norm für Entscheidungen in Wissenschaft, Medizin und Technik, ist heute in aller Munde. Leider ist es jedoch nicht damit
getan, für jedes Problem eine Ethikkommission zu berufen, die –
alten Traditionen folgend – «für Ordnung sorgen» soll. Dieser – für
den Einzelnen bequeme – Weg reicht nicht mehr aus. Auch wenn
ich als Arzt die rechtliche Möglichkeit zur aktiven Sterbehilfe habe,
zum Schwangerschaftsabbruch, zur Organtransplantation, kann

mir dennoch niemand die Verantwortung dafür abnehmen, in dem einen Fall so und im anderen so zu handeln. Die normative Ethik des Rechtsraumes ist ohne mein Zutun gegeben. Meine Gewissensentscheidung jedoch ist das andere – sie ist nur durch mich da und bestimmt letztlich den Stand meiner inneren Entwicklung und die Qualität meiner Beziehungen zu Mensch und Welt. Dieser Gewissensentscheid ist nicht übertragbar oder abnehmbar – zum indest nicht beim erwachsenen Menschen. Dafür muß er selber stehen. Entsprechend blieben auch in Nazideutschland Handlungen gegen die Menschlichkeit Verbrechen, Fehlverhalten oder persönliches Versagen, auch wenn sie äußerlich durch Gesetze legitimiert waren. Angesichts dieser hohen Aufgabe erlebt denn auch der Einzelne oft quälend die Einsamkeit der Entscheidungsfindung in dem gegenwärtigen Chaos von Meinungen und Möglichkeiten, von äußeren und inneren Streitig- und Strittigkeiten. Und um so leuchtender steht dafür auch das Beispiel individueller Zivilcourage großer Menschen wie Gandhi und Korczak da sowie das der vielen ungenannten Helfer der Menschlichkeit.

Die in diesem Buch zusammengefaßten Beiträge zur Ethikfortbildung möchten Gesprächsbeiträge sein zur Frage einer selbstverantworteten, situativen Ethik. Es gibt bereits so viele humanitäre und zivile Organisationen mit großartigen Zielen und weiter Ausstrahlung. Sie brauchen unser aktives Mitdenken, unsere finanzielle Unterstützung und unseren Dank für die Leistungen, die sie aus individuellem, freiwilligem Engagement im Namen der Menschlichkeit tun. Auch Religionsgemeinschaften, die für den Weltfrieden arbeiten, oder wissenschaftlich-kulturelle Gesellschaften wie die Goethe-, Novalis- oder Paracelsusgesellschaften, internationale Akademien oder die Stiftung Weltethos und geisteswissenschaftliche Forschungsgemeinschaften wie die Anthroposophische Gesellschaft haben ihre Aufgaben und sind wichtig für ein vielfältiges Kultur- und Geistesleben.

Was jedoch fehlt, sind Arbeitsformen, die all diese gewachsenen gesellschaftlichen Strukturen und Organisationen in ein konstruktives Miteinander bringen: Dieses läßt sich sicher nicht nur organisieren – obwohl dies immer wieder versucht wird. Es bedarf der inneren Anregung durch ethische Entwicklungsarbeit. Es bedarf der Weckung von Interesse und Anerkennung für diese Initiativen. Und: es braucht wachsendes Vertrauen in die stärkende Kraft guter Gedanken und Gefühle.

In sich selber den Ansatz zum Verstehen der großen Vielfalt des Menschlichen und des Menschenmöglichen zu finden, nicht davor zurückzuschrecken, in sich selbst auch die Möglichkeiten zum Bösen und die Abgründigkeit der menschlichen Natur zu entdecken, ist der Ausgangspunkt unserer Beiträge. Wer seine Mitverantwortung für die Weiterentwicklung von Mensch und Erde erkennt, erlebt auch den Schmerz und Zweifel, die Sorge, die Angst und die eigene Ohnmacht ob dieser großen Aufgabe. Es liegt nahe, sich in solch einsamen Augenblicken zu entschließen, diese Verantwortung doch lieber an den Staat, die Kirchen, Organisationen oder ganz allgemein «Gott» zurückzugeben und in die alte Unmündigkeit zurückfallen zu wollen. Terrorismus, Korruption und die globale Ausbeutung zeigen jedoch nur allzu deutlich an, daß mehr Menschen mitdenken und mitgestalten müssen als bisher, und insbesondere solche, die ein wirklich globales, all-umfassendes Menscheninteresse haben.

Ein «Netzwerk Ethik» ist gefragt, das nach innerer Auto-nomie und äußerer Mitverantwortung suchende Menschen ver-bindet über alle Einzel- und Gruppeninteressen hinweg. Diesem Anliegen sind die vorliegenden Beiträge gewidmet. Sie wenden sich nicht nur an Angehörige von helfenden Berufen, sondern auch an interessierte Schüler und Studenten anderer Fachrichtungen und alle, welche die Herausforderung des Ethisch-Moralischen in ihrem Lebens- und Berufsfeld erleben und bearbeiten wollen. Letztlich ist ja Ethik keine Spezialdisziplin, sondern Ausdruck der Freude am Menschsein und an der Weiterentwicklung.

Dornach, im Oktober 2001   *Michaela Glöckler*

«Der Verdacht wird geäußert, daß der Mensch ein ‹Orientierungswaise› (Lübbe 1982) ist, also ein Wesen, dem niemand sagt, was es tun ‹soll›, das vielmehr selber zu bestimmen hat, was es tun ‹will› bzw. für gut hält zu tun.»

F. J. Illhardt

Illhardt, F. J.: *Medizinische Ethik*. Berlin/Heidelberg 1985.

Wintermorgen, 1934

Michael Debus

Michael Debus ist Pfarrer der Christengemeinschaft und Vater von vier
erwachsenen Kindern in Stuttgart. Ein Hauptschwerpunkt seiner Arbeit
ist die Ausbildung zum Priesterberuf in der Freien Hochschule der Christengemeinschaft. Er ist durch internationale Vortragstätigkeit und zahlreiche
Publikationen – besonders zu Zeitfragen – bekannt.

«Macht mir doch die Natur des Gewissens
begreiflich.» – «Wenn ich das könnte, so wäre ich
Gott, denn indem man das Gewissen begreift,
entsteht es.»

Novalis, *Heinrich von Ofterdingen*

DAS NEUE GEWISSEN UND DIE MÖGLICHKEITEN, FREI ZU HANDELN

Das Recht auf das Gewissen

Das Gewissen als eine Tatsache des menschlichen Seelenlebens
wird kaum in Frage gestellt, wenn auch von den verschiedenen
wissenschaftlichen Disziplinen durchaus verschieden gedeutet. Im
Bereich des Rechts sind in Deutschland Gewissensgründe sogar
ein justiabler Faktor. Das spielte wegen der Möglichkeit zur Verweigerung des Wehrdienstes aus Gewissensgründen (Grundgesetz
Art. 4: «… Niemand darf gegen sein Gewissen zum Kriegsdienst
mit der Waffe gezwungen werden …») insofern eine große Rolle,
als die Anerkennung dieser Gewissensgründe bis vor wenigen
Jahren erst auf Grund eines besonderen Prüfungsverfahrens ausgesprochen wurde. Wie ist es möglich, das Gewissen eines Men-

schen von außen zu prüfen? Nach welchen objektiven Kriterien soll etwas beurteilt werden, was das Intimste und Persönlichste des Menschen überhaupt ist?

In der Praxis wurde im allgemeinen der Verweigerungsgrund hinterfragt. Sehr häufig gaben die jungen Prüflinge als Begründung ihrer Verweigerung an, daß sie gewaltlos leben und insbesondere nicht töten wollten. Die Prüfer testeten dann oft die Glaubwürdigkeit des Prüflings, indem sie ihn mit den letzten Konsequenzen dieser Lebenshaltung konfrontierten, etwa so: «Sie sind Zeuge, wie ein Amokläufer während der Pause auf den Schulhof stürmt und wild um sich schießt. Einige Kinder sind schon getroffen und wahrscheinlich schwer verletzt. Er steht genau unter dem Fenster, von dem aus Sie in diesem Augenblick die Situation erfassen. Ein schwerer Gegenstand ist für Sie greifbar. Würden Sie diesen geistesgegenwärtig gezielt auf den Amokläufer hinabwerfen, um die Kinder zu retten?» Wenn der Probant nun «ja» antwortet, hat er gute Chancen, durchzufallen: Sein Gewissen läßt ja im Extremfall doch Gewaltanwendung zu! Für nichts anderes aber als für einen solchen extremen Fall ist auch die Bundeswehr geschaffen worden: Nicht dem Angriff dient sie, sondern ausschließlich der Verteidigung. Sie schützt die Freiheit und die Sicherheit der Bürger. Wer dagegen im Hinblick auf den Wehrdienst konsequent jede Art von Gewaltanwendung ablehnt, muß auch gegenüber dem Amokläufer darauf verzichten und damit womöglich die verheerenden Folgen hinnehmen, die nur durch sofortiges und wirksames Eingreifen verhindert werden können. Eine solche «konsequente Haltung», nämlich die grundsätzliche und unwiderrufliche Ablehnung jeder Art von Gewaltanwendung, in welcher konkreten Lebenssituation auch immer, kann aber auch als Ausdruck eines fixierten Vorstellungslebens angesehen werden, das keinen Handlungsspielraum zuläßt. Das Gewissen wäre dann geradezu der Ausdruck eines zwanghaften Verhaltens. Ein solches fixiertes «Gewissen» stand aber bei den Kriegsdienstverweigerern im allgemeinen nicht im Hintergrund, auch wenn die Prüfung sie oftmals dazu brachte, das vorzuspiegeln. Man kann deshalb froh sein, daß solche «Gewissensprüfungen» heute nicht mehr abgehalten werden und jeder Wehrpflichtige sich ungeprüft für den Zivildienst entscheiden kann.

Damit stellt sich aber eine neue Frage. Wenn das Gewissen also ganz und gar persönlich und von außen nicht überprüfbar ist, sagen wir damit nicht zugleich, daß das Gewissen eben subjektiv und im Hinblick auf objektive Kriterien letztlich sogar beliebig ist? Es ist ganz offensichtlich, daß heute weithin so empfunden wird. Die Befreiung von äußeren moralischen Zwängen seit den sechziger Jahren des vergangenen Jahrhunderts zugunsten freier (Gewissens-)Entscheidung in der jeweiligen Lebenssituation hat sich so gründlich vollzogen, daß heute fast alles, was man persönlich für richtig hält, auch als gut erscheint. «Gut und Böse» als objektive Kategorien hören auf, eine Bedeutung zu haben, und damit auch «ethisches» Handeln.

Ist das Gewissen mehr als eine subjektive Norm?

Damit sind wir mitten in den brennenden Problemen unserer Gegenwart. Auf breiter Front hat die Wissenschaft heute Grenzen überschritten, die bisher geschützt waren. Antworten auf Fragen, die sich bisher nicht stellten, werden dringend gesucht. Kaum vierzig Jahre sind vergangen, da wurden im Kino noch Horrorfilme gezeigt, in denen etwa ein dämonischer Dunkelmann von Menschen, die er zu Tode gebracht hatte, die Herzen herausnahm und anderen einpflanzte. Eine unvorstellbare gruselige Utopie damals, in dieser noch ganz nahen Vergangenheit. Heute ist diese dunkle Utopie Alltagswirklichkeit, an die sich für die meisten Zeitgenossen keine weiteren ethischen Fragen anschließen. Wahrscheinlich werden wir uns in absehbarer Zeit – ähnlich wie schon an Reagenzglas-Befruchtung, «Leihmütter» und Genmanipulation – auch an Embryonen-Forschung, Klonen von Menschen und Euthanasie gewöhnt haben. Bislang ist in der Wissenschaft das Machbare immer auch gemacht und irgendwann gesellschaftlich anerkannt worden. Läßt sich denken, daß im Bereich einer Wissenschaft, die sich selbst ausdrücklich als wertfrei erklärt, ethische Aspekte überhaupt eine Rolle spielen, wenn Gut und Böse als objektive Grundkategorien menschlichen Handelns ausgedient haben zugunsten einer subjektiven «freien Gewissensentscheidung», die jeder Mensch für sich selbst in Anspruch nimmt? So haben die «Ethik-Kommissionen», die vom Gesetzgeber einberufen werden, auch nicht das Ziel, wirklich ethisches Handeln zu beschreiben, sondern einen gesellschaftlichen Konsens zu definieren über das, was erlaubt und deshalb «ethisch» ist. In dieser neuen Ethik wird das objektiv Gute ersetzt durch das verabredete Gute. Das Gewissen wird damit zu einer Privatangelegenheit des Einzelnen ohne objektive Bedeutung. So stellt sich für unsere heutige Zeit in aller Schärfe die Frage: Ist Ethik tatsächlich nur eine Angelegenheit gegenseitiger Verabredungen und ethisches Handeln demnach nichts anderes als erlaubtes Handeln? Und ist das Gewissen eben die subjektive Norm für mein Handeln im Sinne einer bloß privaten Ethik?

Die Bereitschaft, die Konsequenzen der eigenen Entscheidungen zu tragen

Wir wollen dieser Frage nachgehen, indem wir uns noch einmal die eingangs beschriebene Gewissensprüfung eines Kriegsdienstverweigerers vergegenwärtigen. Geprüft wurde die Konsequenz seines Gewissens. Wir haben aber gesehen, daß die von vornherein feststehende Konsequenz im äußeren Verhalten von einem fixierten Gewissen ausgeht, ohne Rücksicht auf die konkrete Lebenssituation. Nun wäre es denkbar, daß der junge Mann, der den Militärdienst verweigert, die Konsequenz seines Gewissens noch anders darlegt als in einem fixierten Inhalt. Er könnte zur Situation mit dem Amokläufer etwa sagen: «Ich kann nicht mit Sicherheit voraussagen, wie ich mich in einer solchen für mich jetzt doch nicht wirklich vorstellbaren Situation verhalten würde. Grundsätzlich bin ich gegen jede Art von Gewaltanwendung, dennoch halte ich es für möglich, daß ich mich in einer solchen Situation womöglich darüber hinwegsetzen und gegen den Amokläufer doch Gewalt anwenden würde, wenn die Sache es erfordert und andere Mittel nicht greifen. Die inneren Konsequenzen für mich müßte ich tragen.» Wichtig an seiner Aussage wäre einmal, daß er sich nicht von vornherein auf ein bestimmtes Verhalten festlegt, trotz einer klaren Grundüberzeugung. Des weiteren wäre entscheidend, daß er sein Handeln nicht nach dieser Grundüberzeugung als falsch oder richtig beurteilt, sondern das tut, was er der Sache in diesem konkreten Augenblick schuldig zu sein glaubt (als freie Gewissensentscheidung!), und dann bereit ist, die Konsequenzen, die das für ihn hat, zu akzeptieren und mit ihnen zu leben.

Freiheit aus Erkenntnis

Damit nähern wir uns dem, was man erst wirklich eine «freie Gewissensentscheidung» nennen kann! Freiheit ist nicht nur die Möglichkeit, sich für eine bestimmte Richtung des Handelns entscheiden zu können. Wenn ich mit einem bestimmten Reiseziel auf dem Bahnhof die Möglichkeit habe, unter mehreren Zügen zu wählen, bin ich in Wirklichkeit doch erst dann frei, wenn ich nicht nur die Zugfarbe oder Ausstattung der Waggons als Entscheidungskriterium zur Verfügung habe, sondern wenn ich weiß, wohin die Züge fahren. So ist auch eine freie Gewissensentscheidung erst dann frei, wenn ich die Konsequenzen überblicke, das heißt, wenn ich aus Erkenntnis handle. Freiheit hat also nicht nur mit der Entscheidung zu tun, die am Beginn einer Handlung steht, sondern – vor allem – mit den Konsequenzen der Handlung, mit denen ich mich verbinden muß. Der unreife Mensch erlebt Freiheit vor allem da, wo er entscheiden kann, und kümmert sich womöglich wenig um die Konsequenzen. Sind sie unangenehm, versucht er vielleicht sogar, sich ihnen zu entziehen, um seine «Freiheit» noch eine Strecke weit zu retten. Werden die Konsequenzen aber unausweichlich für ihn, erlebt er sich unfrei wie gegenüber einer Strafe. Freiheit ist untrennbar verknüpft mit Verantwortlichkeit, und unsere Entscheidungen sind erst dann wirklich frei, wenn wir die unbedingte Verantwortung für die Konsequenzen zu übernehmen bereit sind. Wo wir nicht selber Verantwortung übernehmen, sondern von außen verantwortlich gemacht werden für etwas, das wir in «Freiheit» verursacht haben, werden wir in Wahrheit mit unserer Unfreiheit konfrontiert. Frei ist also der Mensch, der die Folgen seiner Handlungen überblickt und deshalb wirklich in der Lage ist, dafür von vornherein die volle Verantwortung zu übernehmen. Das versetzt ihn auch in die Lage, Entscheidungen zu treffen, die nicht von seinen Neigungen geprägt werden, sondern der Sache, um die es geht, dienlich und angemessen sind.

Freiheit aus Verantwortung

Es gibt aber heute auch noch eine weitere Art, wie Freiheit entsteht. Es könnte nämlich sein, daß ein Mensch die Folgen einer

Entscheidung, die er zu treffen hat, nicht vollständig überblickt. Es könnte zum Beispiel sein, daß er zwei Möglichkeiten hat, zu entscheiden, die ihm aber beide gleichwertig erscheinen. Weil er nun die jeweiligen Konsequenzen nicht völlig überschaut, fühlt er sich überfordert und deshalb unfrei. Doch weil sich Freiheit und Verantwortung gegenseitig durchdringen, kann er auch den umgekehrten Weg gehen: nicht aus der Freiheit heraus Verantwortung übernehmen, sondern durch Verantwortungsbereitschaft Freiheit gewinnen. Er könnte sich ganz bewußt schon jetzt zu den künftigen Folgen seiner Entscheidung verantwortlich bekennen, auch wenn er sie nicht vollständig überschaut. Vielleicht wird es ein schmerzliches Erwachen geben, weil er sich die Konsequenzen so nicht vorgestellt hatte. Er wird dann aber nicht den Versuch machen, auf irgendeine Weise andere für die entstandene Situation verantwortlich zu machen, sondern sich dennoch zu seiner Entscheidung bekennen. Gewiß, er hat nicht wirklich gewußt, was seine Entscheidung alles beinhalten würde, er war deshalb nicht wirklich frei. Wer aber bereit ist, auch für das Verantwortung zu übernehmen, was er gar nicht vorhersehen konnte, wofür er also nach den gewöhnlichen Vorstellungen gar nicht verantwortlich gemacht werden kann, der entwickelt in sich allmählich den reifen und mündigen, das heißt den freien Menschen. Das Leid, das mit den Folgen unseres noch unfreien Handelns verbunden ist, schafft Bewußtsein und beginnende Erkenntnis. In der Bejahung der Folgen aber liegt die Bekräftigung, daß die Entscheidung «meine» Entscheidung bleibt und dadurch beginnt, den Charakter einer freien Entscheidung anzunehmen.

Heilung der eigenen Handlungen

Mit dieser zweiten Entstehung von Freiheit – auch das gilt im besonderen für die heutige Zeit – ist eine dritte eng verbunden. Stellen wir uns vor, wir blicken auf eine Tat zurück, der gegenüber wir unsere Verantwortung wahrnehmen wollen. Wir stehen unserem Tun frei gegenüber: Wir bereuen es nicht, noch gefällt es uns. Wir blicken auf die Tat als solche und sehen, ob sie abgeschlossen oder ergänzungsbedürftig ist. Vielleicht haben wir einen Menschen verletzt, weil wir im Zorn – endlich – ihm «die Wahrheit» gesagt haben, die sowieso längst schon hätte ausgesprochen werden müssen! Dann schauen wir später – ohne Zorn – auf das Ereignis zurück und versuchen den Vorgang zu bewerten: «Es war richtig, das alles endlich einmal klar auszusprechen!» sagen wir uns. Sind wir wirklich ganz sicher? Mußte es in diesem Ton gesagt sein? Mußten diese Worte gewählt werden? Ein Dialog kommt in Gang – wenn wir ihn wollen! Der «Dialogpartner» drängt sich aber nicht auf, wir sind ganz frei gelassen. Vielleicht kommt dann dieser Dialog mit uns selbst zu einem Schluß: Es war richtig, daß bestimmte Probleme angesprochen wurden, aber die Form, in der das geschah, hat zu Verletzungen geführt, die nun ihre Heilung suchen. «Heil» bedeutet «ganz» (im englischen Wort für «ganz» = whole ist das «heil» noch zu erkennen), Heilung ist also «Ergänzung». Wo mein Handeln zu Verletzungen führt, ist es «ergänzungsbedürftig». Ich bereue also mein Handeln nicht (wenn Reue bedeutet: «Ach, hätte ich doch nicht …», wenn ich also das Getane ungeschehen machen möchte, was natürlich immer eine Illusion ist), sondern ich fasse in Freiheit – jetzt also die Konsequenzen wirklich kennend – den Entschluß, meine unvollständige Tat zu ergänzen. Ich werde mich also wieder an den Menschen wenden, den ich verletzt habe, und ich werde dazu die geeignete Form finden müssen (gleich telefonieren? in Ruhe warten, bis sich eine geeignete Gelegenheit ergibt? einen Brief schreiben?). Wenn es mir gelingt, die rechte Form zu finden, habe ich vielleicht die Chance, daß meine Tat dadurch abgeschlossen, d.h. ein Ganzes wird, wie es in meinem eigentlichen Willen von Anfang an gelegen hat. Meine Tat ist durch die Heilung zu einer freien Tat geworden.

Wir wenden uns noch einmal dem zweiten geschilderten Weg zur Freiheit zu, der darin besteht, sich zu den Folgen des eigenen Handelns zu bekennen. Diese Form der Freiheit ist erst in unserer Zeit ein wirklicher Freiheitsweg. Früher gab es das äußere moralische Gesetz, die Gesellschaftskonvention, die eine klare Orientierung über richtiges und unrichtiges Tun war. Wer im Sinne des gültigen moralischen Gesetzes handelte, trug für die Folgen seines Handelns nicht selbst die Verantwortung. Er konnte ein «gutes Gewissen» geltend machen. Insofern der moralische Kodex der jeweiligen Gesellschaft verinnerlicht wurde, bildete sich diese erste Form des Gewissens. Es hat schon mit dem Selbst und damit auch mit der Freiheit zu tun, weil es den Menschen im Finden der «richtigen» Entscheidung unabhängig von äußeren Instanzen macht. Als «gutes Gewissen» gibt es dem Menschen die erste Form der Freiheit: Es spricht ihn von der Angst, ein moralisches Gebot verletzt zu haben, frei. In der Form des «schlechten Gewissens» äußert es sich in «Gewissensbissen» (= der Schäfer-

hund, der ein Schaf beißt, damit es wieder in die Herde zurück-
geht) oder «Gewissensschlägen» (= der Erzieher als Repräsentant
der moralischen Norm). Für die kindliche Entwicklung ist diese
erste Form des Gewissens auch heute eine unerläßliche Durch-
gangsstufe. Sie besteht darin, von den Eltern zunächst einmal feste
moralische Prinzipien zu übernehmen und zu verinnerlichen. Für
den mündigen Menschen ändert sich dann aber die Situation
grundlegend. Die sozialen Verbände und mit ihnen die vorgege-
benen gesellschaftlichen Konventionen lösen sich heute immer
mehr auf. Für richtiges Verhalten gibt es keine äußeren Normen
mehr und damit auch nicht mehr die Instanz, die dem Menschen
die Verantwortung für sich selbst abnehmen könnte. Und mit der
äußeren moralischen Instanz verschwindet schließlich auch ihr
innerer Repräsentant, das Gewissen in seiner ersten Form. So wie
das äußere Verhalten ohne diese Instanz in ganz beliebiger Weise
Ausdruck der subjektiven Persönlichkeit sein darf, so gelten auch
«Gewissens»-Entscheidungen heute weithin nur noch als ein
subjektiver Vorgang.

Gibt es ein objektives Gewissen?

Das führt uns zur eigentlichen Frage: Gibt es heute eine neue
Form des objektiven Gewissens? Auf Grund des bisher Dargestellten können wir diese Frage ohne weiteres mit «ja» beantworten. Sie ist nämlich nichts anderes als die Frage nach der Instanz, die unser Handeln verantwortet. Nach dem allmählichen

Verschwinden der äußeren normgebenden moralischen Instanz
sind wir immer mehr selbst aufgerufen, ganz individuell diese objektive Instanz zu werden. Damit ist nicht beliebiges oder will-
kürliches Tun gemeint, sondern Handeln aus wahrer Freiheit.
Nicht mehr die Frage steht im Vordergrund, ob eine Handlung
gut oder böse ist im Sinne äußerer ethischer Normen, sondern die
Frage ist, ob ein Handeln frei ist. Freiheit ist die neue Moralität.

Wir haben auf drei Möglichkeiten des freien Handelns geblickt,
die heute das alte Gewissen, das Handeln in Übereinstimmung
mit der Gruppennorm ablösen können: Die erste ist das Handeln
aus Erkenntnis, das Handeln dessen, der weiß, was er tut. Die
zweite ist das Bekenntnis zur Verantwortung für die Folgen der
eigenen Tat. Die dritte liegt im Rückblick auf das eigene Tun und
manifestiert sich im Dialog, den wir mit uns selbst führen, so daß
die neuen moralischen Kategorien von gesund und heilungsbe-
dürftig (ergänzungsbedürftig) als Quell von Handlungsimpulsen
erscheinen, die ihrem Wesen nach therapeutisch sind.

Die erste Form der Freiheit kann man ausbilden, indem
man seine Erkenntnisfähigkeit schult, um immer mehr ein Han-
delnder aus Erkenntnis zu werden. Die zweite Form, zur Freiheit
zu gelangen, gründet sich auf Selbstüberwindung, auf die Bereitschaft, die volle Verantwortung für sich selbst zu übernehmen. Die
dritte Form der Freiheit will im Dialog, den wir mit uns selbst
führen, erfahren werden. Diese drei Wege zur Freiheit im Handeln
hängen aber zusammen und sind letztlich nur drei Aspekte des
einen Weges zu einer neuen Ethik. Man kann diesen Weg «das

neue Gewissen» nennen, das in jedem Menschen als Möglichkeit veranlagt ist. Es bedarf aber der Ausbildung unter allen drei Aspekten, sonst bleibt das, was wir eine «freie Gewissensentscheidung» nennen, doch nur subjektive Willkür.

Aus den Grenzbereichen des Lebens, die von der Wissenschaft heute zunehmend ergriffen werden, ergeben sich Fragen, die sich nicht durch äußerlich aufgestellte Ethiknormen verantworten lassen. Die eigentliche Frage ist, ob die «Freiheit der Wissenschaft» sich auf die Freiheit der Wissenschaftler im Sinne des neuen Gewissens gründet. Wissen die Betroffenen wirklich, was sie tun? Wollen sie für das, was sie tun, die Verantwortung übernehmen und die Folgen im eigenen Schicksal tragen? Treten sie genügend wahrhaftig in einen offenen Dialog mit sich selbst? Fertige und allgemein verbindliche Antworten über das, was in der Wissenschaft und insbesondere in der Medizin «erlaubt» ist und was nicht, eine definierte Ethik also, helfen nur eine gewisse Strecke weiter. Letztlich ist ethisches Handeln heute eine Frage der individuellen und in wahrer Freiheit getroffenen Entscheidung. Es geht um die Ausbildung und Entwicklung des neuen Gewissens, aus dem auch eine neue Ethik hervorgehen wird.

«Nicht Macht korrumpiert den Menschen, sondern Angst.
Angst vor dem Verlust der Macht korrumpiert diejenigen,
die sie innehaben. Und die Angst vor dem Zugriff der Macht
korrumpiert diejenigen, die von ihr beherrscht werden.»

Auung San Suu Kyi

Aus: Charlotte Kerner (Hrsg.): *Madame Curie und ihre Schwestern.*
Frauen, die den Nobelpreis bekamen.
Weinheim und Basel: Beltz 1997.

«Der Wiederverkörperungsgedanke ist ein Postulat der
Liebe. Wer wirklich helfen will, wird nicht schon in einem
Erdenleben müde.»

Michael Bauer

Fuge in Blau und Rot, 1936

Ursa Neuhaus

Ursa Neuhaus ist Präsidentin des Vereins anthroposophische Pflege in der Schweiz. Als Krankenschwester engagiert sie sich seit Jahren für berufsethische Fragen in der täglichen Praxis sowie als Berufsschullehrerin für Kranken- und Gesundheitspflege in Bern. Sie weiß, daß ethisches Verhalten nur im Leben selber gelernt werden kann und daß es die verständnisvolle Verarbeitung von kleinen Fehlern und offenen Fragen ist, die das Maß echter Weiterentwicklung bestimmen.

«Das moralische Gesetz ist nicht ein Gesetz, das
befolgt werden soll, sondern eines, mit dem man
kommuniziert, eines, das auch zuhören kann.»

Andrei Pleşu

«ALS ES NIE RECHT WAR ...»

Zur Ethik des Augenblicks

Ethische Probleme stecken überall: im beruflichen, schulischen
und freizeitlichen Alltag. Diese Ereignisse zeigen sich jedoch nicht
einfach so; denn sie zu bemerken oder nicht, hängt von meiner
Wachheit, meinem Interesse und meinen Kenntnissen ab. Es
braucht einen besonderen Blick dazu.

Blicken ist wie ein Versuch, die Gegenwart ein wenig auszudehnen, um dem Augenblick eine Chance zu geben, sich zu
zeigen. Dieses Moment gilt es im Alltag zu erfassen, wo die Zeit
plötzlich stillsteht, die Aufmerksamkeit sich auf die Situation richtet und die Einzigartigkeit des Ereignisses sich in seiner Vielfalt zeigen kann. Dabei kann sich das Wahrgenommene viel differenzier-

ter, größer, kleiner oder ganz anders als vorgestellt, zeigen. Nehme ich mir Zeit, einen Augenblick innezuhalten, die Zeit «auszudehnen», dann entdecke ich manchmal Unerwartetes, manchmal Erahntes. Es sind wie Zwischenräume, die im Treiben des Alltags nicht bemerkt werden, außer ich habe Zeit «Ich» zu sein. Dies bedeutet, daß ich im Jetzt lebe. William Bryant schreibt (1997, S. 8) folgendes: «Wir scheinen auf der unendlich kleinen Zeitinsel zu leben, die wir ‹Jetzt› nennen. Dieser winzig kleine Punkt der Halbgewißheit, dieser gegenwärtige Augenblick, der das Vorher vom Nachher trennt, scheint alles zu sein, was unser gewöhnliches Bewußtsein von seiner eigenen Wirklichkeit tatsächlich erfahren kann.»

Trotz dieser Halbgewißheit erleben wir die aneinandergereihten Augenblicke als etwas Ganzes, die uns Sinn geben. Diese Momente sind umfassender, vielfältiger und tiefgründiger als die einzelne Tatsache.

Ethik im Berufsalltag

Realität

Mit Hilfe eines Ereignisses aus meiner Berufstätigkeit als Krankenschwester möchte ich ethische Probleme aus dem Berufsalltag aufzeigen. Das folgende Ereignis liegt schon mehrere Jahre zurück, trotzdem habe ich die Bilder in Erinnerung, als wäre es gestern gewesen.

Ich hatte Nachtwache auf einer medizinischen Abteilung
in einem Krankenhaus. Ich hatte überdurchschnittlich viel
Arbeit in dieser Nacht. Einige Patientinnen benötigten intensive Pflege, da sie im Sterben lagen oder mit Schmerzen
die Nacht verbrachten. In einem Zimmer, ganz alleine, war
jedoch eine besondere Patientin. Kaum hatte ich bei der Be-
grüßungsrunde meinen Kopf in das Zimmer gesteckt, blick-
ten mich herausfordernd zwei klare leuchtende Augen an.
Die Patientin, Frau Müller (Name geändert), war 83 Jahre alt.
Sie hatte energische Gesichtszüge und war sicher ein Leben
lang gewohnt, zu kommandieren. Die Frau war von großer
und starker Statur und lag in einem Bett voller Lagerungskissen verschiedenster Art. Ihre Präsenz war im Raum spür-
bar. Freundlich forderte sie mich auf, sie erneut zu lagern.
Diese Tätigkeit war eine Kunst. Denn sie litt schon lange
unter heftigsten Schmerzen in Armen, Beinen, im Rücken
und vor allem in den Gelenken. Die Krankheit raubte ihr
beinahe die ganze Kraft. Oft vermochte sie kaum etwas zu
essen oder zu trinken. Die eigene Körperpflege bewältigte
sie nur noch mit Hilfe von uns Pflegenden.
Um Frau Müller möglichst bequem lagern zu können,
fragte ich sie nach ihren Bedürfnissen. Ihre Beschreibung
der Schmerzen war jedoch unklar. So begann ich die Kissen neu zu ordnen: Eines nach dem andern, hier ein wenig
drücken, dort ein wenig ziehen, dieses noch besser aus-
schütteln und jenes noch stärker zusammenfalten. Und als
alle Kissen erneut gerichtet waren, gab es noch Nachbesse-

rungen für eine optimale Schlafposition. Draußen klingelte es bereits, denn die andern Patientinnen benötigten mich auch. Ich versuchte die Lagerung zu einem Ende zu bringen und verließ das Zimmer mit einem ungaten Gefühl. Die Pflegetätigkeit konnte ich nicht zu meiner vollständigen Befriedigung ausführen. Im Laufe der nächsten zwei Stunden wurde ich von Frau Müller noch siebenmal gerufen. Der Sinn meiner Arbeit wurde mir immer weniger klar. Denn die beste Plazierung eines Kissens war nach einer Viertelstunde schon wieder die schlechteste. Unter dem Druck der vielen Arbeit begann ich das Zimmer von Frau Müller zu meiden oder ging nur kurz hinein. Mit stichwortartigen Informationen zu meinen Handlungen blockte ich jede Möglichkeit zu einem Gespräch ab. Ich ordnete nur gerade so viele Kissen wie nötig und verschwand dann bald wieder. Einmal wollte Frau Müller ein Gespräch mit mir beginnen. Sie sagte, daß sie nicht wisse, wie es weitergehen soll. Darauf antwortete ich ihr resignierend, es werde schon gut kommen.

Sinnsuche

Mitten in der Nacht wurde mir plötzlich klar, daß es so nicht weitergehen konnte. Diese Art von Pflege entsprach nicht meinen Leitideen einer guten Pflege. Ich realisierte, daß durch mein Ausweichen die Situation sich nicht ändern konnte. Etwas mußte geschehen.

Trotz der vielen Arbeit und meiner innerlichen Unruhe begann ich nachzudenken. Meine Grundhaltung[1] der Resignation wurde mir bewußt, und ich erschrak darüber; denn eigentlich hatte ich ein ganz anderes Ideal, wie Pflege aussehen sollte.

Was immer es sei

Was immer es sei
gut oder verwerflich
schau es an
von allen Seiten
grab aus deine Wurzeln und
grab sie wieder ein oder
zerstör sie
mach ein Ende
oder fang wieder an

Rose Ausländer in: *Schweigen auf deine Lippen*

Aufwachen

Ich begann meine Reaktionen und Gefühle zu hinterfragen und suchte nach den Werten, die in diesem Ereignis hätten zum Tragen kommen sollen.

Ich begann mir die Patientin vorzustellen und versuchte mich in ihre Lage zu versetzen. Allmählich entstand aus dieser Tätigkeit Interesse für den Menschen. Wer war sie gewesen? Welche Lebensgeschichte hatte sie bereits hinter sich?

Betrachte ich die Ereignisse dieser drei Stunden aus heutiger Sicht, zeigen sich einige Erscheinungen, die auf ethische Probleme hinweisen:

- Ich bemerkte während der Arbeit ein ungutes Gefühl.
- Hilflos war ich dem Geschehen ausgeliefert, ich empfand die Situation als ungerecht.
- Die unmittelbare Gegenwart der Patientin mied ich.
- Mit belanglosen Gesprächen während der pflegerischen Handlungen vermied ich «leere» Momente.
- Die pflegerischen Tätigkeiten beschränkte ich auf das Notwendigste.
- Im Gespräch wich ich der Patientin aus.
- Mit Hoffnungslügen wie «Es kommt schon gut» blockte ich heikle Themen im Gespräch ab.

Welche ethischen Problemstellungen zeigen sich hier?

Übergehe ich ein ungutes Gefühl während der Arbeit, bemerke ich nicht, daß etwas nicht stimmt. Es kann sein, daß ich die *Autonomie* der Patientin nicht berücksichtige oder daß ich unbewußt der Situation *nicht gerecht* werde. Das Ereignis kann mir jedoch auch über den Kopf wachsen und ich fühle mich selbst einfach *ungerecht* behandelt. Meide ich die Begegnung mit der Patientin, so *grenze* ich den Menschen *aus*, ich schenke ihm keine Beachtung. Ein *Desinteresse* leitet mich, wenn ich mich nicht mit der heiklen Situation auseinandersetzen will. Die Reduktion von pflegerischen Handlungen weist auf eine *Resignation* hin. Die *Klarheit* in Gesprächen ist mir unangenehm, denn es bedingt mehr Arbeit zur Klärung, und meine Vorstellungen zum Situationsverlauf könnten sich ändern. Benutze ich Hoffnungslügen, gehe ich der *Wahrheit* aus dem Weg.

Hinter jeder Handlung stecken Werte[2], die uns mehr oder weniger bewußt sind. Oftmals, wie oben aufgezeigt, entsprechen diese nicht unseren Idealen. Erst durch das Benennen und Erkennen der gelebten Werte kann ich sie begreifen und hinterfragen.

Authentisch sein

Dieses Nachdenken mitten in der Nacht führte dazu, daß ich diesmal ins Zimmer schaute, ohne daß die Patientin geklingelt hatte. Ich wollte ihr als Mensch begegnen, der auch seine Nöte hat. Ich nahm mir vor, ganz ehrlich und direkt mit der Frau zu sprechen.

Aus der heutigen Sicht fasse ich die Vorsätze folgendermaßen zusammen:

- Ein ehrliches und offenes Gespräch zu führen.
- Ressourcen und Möglichkeiten der Patientin zu nutzen.
- Mein Fachwissen in bezug auf das Krankheitsbild wie auch den Umgang mit Menschen zu durchleuchten und mögliche Ansätze in der Situation direkt zu überprüfen.
- Die Situation am nächsten Rapport anzusprechen.

– Wünsche und Bedürfnisse der Patientin, auch spezielle,
aufzunehmen und der Situation angepaßt umzusetzen.
– Offene und klare Informationen im Moment zu geben
und nicht zu verschieben.
– Mit persönlichem Engagement versuche ich die Situation der kranken Frau zu erfassen und ihr beizustehen.

Somit wird der Umgang mit der *Wahrheit* zu einer Herausforderung. Die *Autonomie* der Person wird durch den Einbezug der
Ressourcen der Patientin – ihrer eigenen Möglichkeiten – ge-
währleistet. Mein fachliches Wissen ermöglicht mir, *interessiert* und
neugierig nach Lösungen zu suchen. Der Rückhalt im Team gibt
mir die Möglichkeit zu einer *kritischen* und *kreativen Auseinandersetzung*. Die *Transparenz* erlaubt mir eine *offene und klare Kommunikation*, die sich wohltuend auf alle Beteiligten auswirkt. Dabei
kann *Engagement* entstehen.

Welchen Charakter haben diese Reaktionen? Sie zeichnen
sich aus durch die situationsbezogene Sichtweise. Aus der Fülle
meiner Beobachtungen kann ich durch Nachdenken über die
Beobachtungen hinauswachsen und eine eigene Sichtweise entwickeln. Es ist das menschliche Bewußtsein, das als Vermittler
zwischen Beobachten und Denken das Neue schafft.

Unzulänglich

Ich wehre mich
gegen mich
die nicht leben kann
ohne das unzulängliche Märchen
Wahrheit

Rose Ausländer in: *Schweigen auf deine Lippen*

Prozeßhandeln

Als ich ins Zimmer trat, war Frau Müller ganz verwundert.
Sie fragte mich, was ich denn wolle. Ich setzte mich hin und
erzählte ihr meine Not, daß ich ihr wie auch den andern
nicht gerecht werde, wenn sie mir alle Viertelstunde klin-
gele. Sie war ganz erstaunt darüber, denn sie glaubte, die
Zeit zwischen dem Klingeln sei viel länger gewesen. Weiter
erzählte sie, daß die Nächte so lang seien und sie sich so
alleine vorkomme. Die Schmerzen werde sie wohl niemals
los. Wir vereinbarten, daß ich jede volle Stunde bei ihr hereinschaue. Es sei sowieso die Regel, daß ich alle zwei Stunden bei allen Patientinnen hereinschaue. Wenn die Lagerung für sie trotzdem unmöglich sei, solle sie jedoch
klingeln. Sie fragte, ob ich die Zimmertüre einen Spalt offen lassen könne. So höre sie etwas und sei nicht so alleine.
Am Ende des Gesprächs meinte sie fragend: «Und kommen
Sie wirklich jede Stunde vorbei?» Ich versicherte ihr, auch

wenn ich bei einer andern Patientin sei, mich kurz bei ihr
zu melden und meine Verspätung anzukündigen.

Das war eine strenge Nacht. Ich mußte mich konzentrieren, doch die Bemühungen hatten sich gelohnt. Die Begegnungen mit Frau Müller in der Nacht wurden zu inter-
essanten und auch erheiternden Momenten.

Handlungen zeigen also immer eine ganz bestimmte Stimmung[3]
und eine Absicht. Während der Nacht habe ich durch das reflek-
tierte Handeln eine menschliche Begegnung und eine interes-
sante Beziehung wieder möglich gemacht.

Eine solche Beziehung entwickelt sich in kleinen Schritten: Zuerst habe ich mich über Frau Müller geärgert, da sie mich
so oft beansprucht hatte. Mein Ärger ist aus einer egoistischen
Haltung heraus entstanden, weil ich unbewußt meine Tätigkeit als
wichtiger eingestuft hatte als Frau Müllers Anliegen. Dann habe
ich begonnen, über Normen und Werte nachzudenken, um den
Grund meiner Handlungen zu verstehen. So konnte ich schließlich Frau Müller die Fähigkeit zusprechen, daß sie selber für sich
am besten entscheiden kann. Diese drei Stufen beschreibt Rudolf
Steiner (1978) als «moralische Technik»[4], in der über zwei Wege –
die Motivseite und die Triebfederseite – die moralischen Intuition
erlangt werden kann.

Fähigkeitsbildung

In der Nacht bemerkte ich, daß sich etwas ändern müsse.
Ich bemerkte, daß ich mich der Gegenwart, dem Ereignis

zuwenden müsse, um die Situation als Ganzes wahrnehmen zu können. Dies bedeutete, daß ich meine Vorstellungen und Erwartungen zurücknahm und mich auf die eigentliche Situation einstellte.

Eine Situation umzuwandeln muß also geübt werden. Schmerzlich wird mir bewußt, wie lange es gedauert hatte, bis die Fähigkeit, eine Situation anders zu betrachten, mir als Kompetenz zur Verfügung stand. Denn bereits in der Ausbildung hatte ich mit meiner Ungeduld gekämpft, die oft verhinderte, daß ich im entscheidenden Augenblick die Gedanken auf die Gegenwart hätte richten können, um die wahre Situation zu erfassen.

Die Einsicht, daß nur der Mensch sich selber heilen kann, hat mir entscheidend den Weg aufgezeigt und geholfen, meine Ungeduld und somit meine vorauseilenden Gedanken zurückzuhalten. Durch einzelne Erlebnisse ist mir bewußt geworden, daß eine Krankheit nur geheilt werden kann, wenn die Stimmungen und Gefühle, das Denken und der Wille im Einklang sind. Jeder Mensch ist einzigartig, und jede Situation ist einmalig. Darum gilt es das Moment zu erkennen und unmittelbar darin zu wirken. Das heißt, ich muß lernen, meinen Tatendrang zurückzuhalten und trotzdem aktiv zu bleiben, damit ich meinem Gegenüber die nötige Unterstützung geben kann. Das bedeutet, daß ich meine Ideen losgelöst von meinen Begründungen und auf die Situation bezogen präsentieren muß. Dadurch entsteht die Intuition in der konkreten Situation, die Steiner (1978) als die «moralische Intuition»[5] kennzeichnet.

Lebensdankbarkeit

Die Lebensdankbarkeit zeigt sich im alltäglichen Entdecken von gleichen Ereignissen. Dieser Herausforderung begegne ich heute mit Gelassenheit und Freude. Schwierige Situationen sind zu einer spannenden Tätigkeit geworden, die ich ab und zu mit einem Schmunzeln über meine frühere Unfähigkeit abschließend reflektiere.

> Leben in der Liebe zum Handeln
> und Lebenlassen im Verständnis des fremden Wollens,
> ist die Grundmaxime des freien Menschen.
> Rudolf Steiner in: *Philosophie der Freiheit*

Mut zu Neuem

Diese Fähigkeit, ein Ereignis aus der Sache heraus zu betrachten, gibt mir heute den Freiraum, neue Ideen zu entwickeln. Es sind Tore zur Welt geöffnet, die ich vorher noch nicht gekannt habe. Es ist wie eine Kraft und eine Freude, etwas Neues umsetzen zu wollen und zu können.

Der Weg bis zur Bildung einer Fähigkeit ist oft lang, und es gilt, Hindernisse zu überwinden. Das Aufwachen ist nicht immer einfach, denn sich selber wahrhaftig zu erkennen und sich einzugestehen, etwas falsch gemacht zu haben, ist nicht immer leicht. Habe ich diese Hürde überwunden, so ist es möglich, den weiteren Weg zu überblicken. Doch erst beim Wandern zum Ziel hin, also aus der Nähe, erkenne ich die nächsten kleineren und größeren Hindernisse. Zum Beispiel ist es schwierig, das Authentischsein auch wirklich in allen Situationen zu leben und den langen Prozeß der Umsetzung einer Fähigkeit auch durchzuhalten.

Die Belohnung zeigt sich am Schluß meist ganz unspektakulär. In der konkreten Handlung bemerke ich noch nichts. Meine neu errungene Fähigkeit bewältigt die Situation souverän. Erst beim Nachdenken über die Situation kann ich bemerken, daß ich wirklich etwas gelernt habe.

Das Netz

Ich möchte etwas sagen
ein Wort
das alles sagt

Nicht
ich bin ich
nicht gebet mir
Funkeldinge Länder Geld

Das Wort
fällt mir nicht ein
ich falle
mir selber ins Wort

falle in ein Netz
aus zeitgeknüpften
Silbenmaschen

Rose Ausländer in: *Gelassen atmet der Tag*

Vertrauen

Die Rose
vertraut sich
ihren Dornen an
sie lassen sie nicht
im Stich

Rose Ausländer in: *Schweigen auf deine Lippen*

«Ich fühle keinen Zwang, nicht den Zwang der Natur, die mich bei meinen Trieben leitet, nicht den Zwang der sittlichen Gebote, sondern ich will einfach ausführen, was in mir liegt.»

Rudolf Steiner

Nachdenken über Ethik in der konkreten Herausforderung

Woher kommen die Wörter?

Das Wort Ethik, aus dem Griechischen stammend, hängt mit dem Wort «Ethos» zusammen. Ethos bedeutet einerseits Gewohnheiten, Herkommen; Gesittung und Charakter. Andererseits bedeutet es auch Sitte und Brauch. Es beschreibt den Menschen, wie er im Alltag handelt (Duden 1989, S. 165).

Während der griechischen Epoche waren Wanderungen und Reisen nur privilegierten Persönlichkeiten möglich. Die Reisenden paßten sich während der Wanderung immer wieder den Gegebenheiten des jeweiligen Volkes an. Es bestand also keine Notwendigkeit, das Sittliche oder die Sitte als Gesetz festzulegen. Es war das Gewohnte, das allen bekannt war und das im Sozialisierungsprozeß verinnerlicht wurde. Dieses In-der-Geschichte-Sein gab genug Sicherheit und war nicht zu hinterfragen.

Erst mit zunehmender, sich ausbreitender Weltkenntnis der verschiedenen Völker wurden die unterschiedlichen Sitten bekannt. Sie wurden kodifiziert, und damit wurde auch die Abgrenzung zu anderen Völkern sichtbar und es wurde notwendig, sittliche Normen zu formulieren.

Dabei vollzogen sich zwei grundlegende Prozesse: einerseits veränderten sich die Normgesetze in der Gesellschaft und anderseits entwickelte sich das Individuum hin zur Freiheit im eigenen Tun.

Diese zwei Veränderungen bedingen einander: Die individuellen Sitten und Bräuche werden von Notwendigkeiten und Bedürfnissen der Gesellschaft bestimmt, und umgekehrt müssen die gesellschaftlichen Normen von den Individualitäten gelebt werden. Diese Trennung von Gesellschaft und Individualität erfolgte mit der Veränderung des Bewußtseins der Menschen, ein eigenes Wesen mit eigenen Ideen zu werden, ein Prozeß, der noch im Werden ist.

Das Wort «Ethos» beinhaltet vom Heimatgefühl im gesellschaftlichen Sinne bis zur individuellen Gewohnheit alles. Die Wandlung im Zeitenlauf zeigt sich in der heutigen Bedeutung des Wortes Ethik. «Die Ethik als eine Disziplin der Philosophie versteht sich als Wissenschaft vom moralischen Handeln» (Pieper 1994, S. 17). Das bedeutet, daß Ethik das Handeln unter dem Gesichtspunkt der Moral untersucht.

Der Begriff *Moral,* aus dem lateinischen «mos» / «mores» abgeleitet, ist eine Übersetzung des griechischen Begriffes *Ethos.* Er bedeutet also Sitte oder Charakter. Moral und Sitte können somit als Synonyme gebraucht werden und sind in Handlungen zu finden, die von der Ethik betrachtet und untersucht werden.

Die Unterscheidung der beiden Begriffe Ethik und Moral ist in der Wissenschaft umstritten. Annemarie Pieper (1994, S. 28) beschreibt folgendes: «Die Ethik hat somit Moral (Sitte) … zu ihrem Gegenstand. Ihre Fragen unterscheiden sich von denen der Moral dadurch, daß sie sich nicht unmittelbar auf singuläre Handlungen bezieht, also auf das, was hier und jetzt in einem bestimmten Einzelfall zu tun ist, sondern auf einer Metaebene moralisches Handeln grundsätzlich thematisiert, indem sie z. B. nach dem Moralprinzip oder nach einem Kriterium zur Beurteilung von Handlungen fragt, die Anspruch auf Moralität erheben; oder indem sie die Bedingungen untersucht, unter denen moralische Normen und Werte allgemein verbindlich sind.» Diese Unterscheidung von Moral als Gegenstand oder einfache Handlung und Ethik als Gedanken über die Moral trägt dazu bei, Klarheit in ethische Diskussionen zu bringen.

Was bestimmt unsere Grundhaltung?

Die Grundhaltung des Menschen, die sich in der Einzigartigkeit eines jeden Menschen zeigt, kann auch als innere Stimme verstanden werden. Gleiche Absichten führen bei verschiedenen

Menschen zu unterschiedlichen Handlungen, und das macht sie so individuell. Wie die Grundhaltung gebildet wird, beschreibt Steiner (1978, S. 119) in seinem Buch «Die Philosophie der Freiheit».

Die Grundhaltung beinhaltet alle Vorstellungen und Gefühle, die ein Mensch in seinem Leben hatte und hat. Sind diese Vorstellungen und Gefühle in seiner Lebensgeschichte individualisiert, das heißt mit seiner Wahrnehmung in Verbindung gebracht worden, dann ist es die Vielfalt der Vorstellungs- und Gefühlsinhalte, welche die Grundhaltung bilden. Gleichzeitig hängt deren Bildung auch von seiner Fähigkeit zur Intuition (kreatives Denken, Vordenken, Bildung) ab. Je größer diese ist, um so mehr Erfahrungen und Erkenntnisse sind seiner Grundhaltung eigen. Bestimmt wird die Grundhaltung in besonderer Weise von seiner Gefühlswelt. Die Empfindung von Freude oder Schmerz in einer Situation ist entscheidend dafür, ob der Mensch die Grundhaltung als Motiv für eine Handlung nimmt oder nicht.

Zusammenfassend läßt sich sagen, daß einerseits die Grundhaltung und andererseits in der Situation die Aufmerksamkeit, das Interesse, die Neugier und das Bewußtsein die ethische Handlung leiten und bestimmen. Welchen Prozeß der Mensch dabei durchschreiten wird, werde ich im Kapitel «Motive und Triebfedern in der Handlung» beschreiben. Vorher möchte ich mich dem Begriff der Werte widmen, der in der aktuellen Zeit wieder häufiger in die Argumentation miteinbezogen wird.

Wie finden wir zu den selbstgewollten Werten?

Welche Bedeutung haben Werte in unserem Alltag? Werte sind moralische Eigenschaften, die persönlicher oder allgemeiner Art sein können. Sie sind ein Element unserer Grundhaltung, da sie durch Erfahrungen gebildet werden. Werte sind bestimmte Vorstellungen, die ich vom Leben habe und die ich auch meistens vertrete. Werte können übernommen werden. Werte können erzwungen werden. Werte können zur Gewohnheit werden. Werte kann ich mir auch erschaffen.

Werte in der Pflege, die sich in Pflegetheorien und -konzepten als Schwerpunkte, Perspektiven oder Grundsätze zeigen, sind erschaffene Werte. Florence Nightingale beschrieb in ihrem Buch «Notes on Nursing» sieben Werte, die ihr in der Pflege sehr wichtig waren. «Das Wort Pflege, wie ich es verstanden wissen will, hat eine weit tiefere Bedeutung, als ihm im gewöhnlichen Leben zugeschrieben wird, wo man sich nicht viel mehr dabei denkt als die Darreichung von Arzneimitteln oder von Umschlägen und andere bloße Handleistungen. Von Rechts wegen aber begreift diese Tätigkeit die richtige Verwendung und Regelung der frischen Luft, des Lichts, der Wärme in sich, die Sorge für Reinlichkeit, Ruhe, richtige Auswahl und rechtzeitige Darreichung von Speise und Trank, und zwar das alles unter größtmöglicher Schonung der Lebenskraft des Kranken» (Nightingale 1860, S. 6). Diese erschaffenen Werte von Nightingale haben heute wieder zunehmend ihre Gültigkeit in der Pflege.

Welche Gesten drücken Werte aus, «leben» sie?

In jeder Geste liegt ein Wert, der je nach Situationseinschätzung als innere Haltung gegenwärtig ist. Sie prägt die Handlung im Augenblick. Rolf Heine schreibt in seinem – noch unveröffentlichten – Autorreferat (1998): «Zwischen der Pflege*handlung* und der inneren *Haltung,* in der die Pflegeverrichtung ausgeführt wird, steht die pflegerische Geste. In ihr kommt das ‹Wie› einer Pflegehandlung zur Erscheinung.» Heine leitet die archetypischen pflegerischen Gesten aus den zwölf Tierkreisbildern und ihren Qualitäten ab.

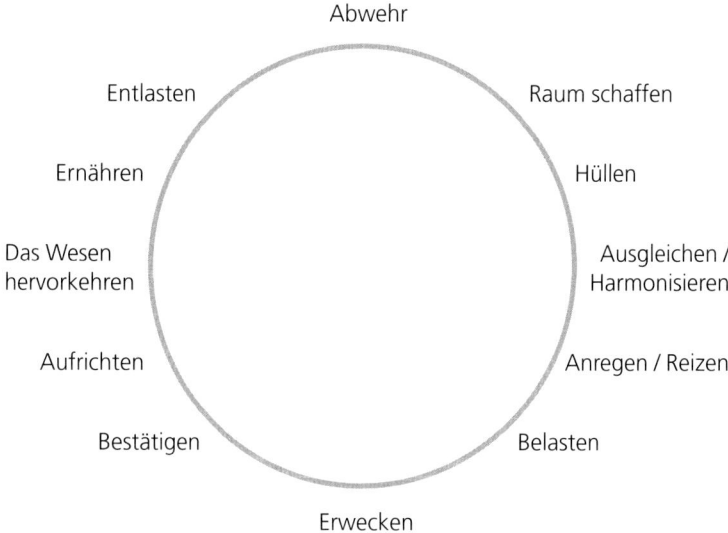

Die zwölf pflegerischen Gesten Abbildung von Rolf Heine

In der Folge möchte ich mich auf die innere Qualität dieser Gesten konzentrieren, ohne dabei auf den Zusammenhang von Gesten und Tierkreisbildern weiter einzugehen.

Der Wert, einem Menschen *Raum zu verschaffen,* bedeutet zum Beispiel, eine enge Vorstellungswelt eines Menschen mit weiteren Vorstellungsmöglichkeiten zu ergänzen. Dabei ist zu beachten, daß der gedankliche Raum sich bilden kann und nicht durch Vorschriften und Projektionen sich noch mehr verengt. Im Physischen zeigt sich das Raumschaffen offenkundiger. Zum Beispiel kann ich einem Menschen mit Schmerzen aus dem Bett helfen. Um ihm genügend Raum zu verschaffen, gebe ich ihm die Möglichkeit, sich eigengemäß und dementsprechend schmerzfreier bewegen zu können.

Das *Hüllen* bedeutet, dem Menschen durch meine pflegerischen Handlungen Decken über die Schultern zu legen oder die Lagerungskissen genau richtig zu plazieren, damit ich ihm Schutz geben kann. Der Wert des Hüllens zeigt sich auch in der zwischenmenschlichen Beziehung durch die Fürsorge für den Menschen.

Der Wert des *Ausgleichens/Harmonisierens* zeigt sich vor allem in der Begegnung und demzufolge im Gespräch. Das Gespräch wird zum Dialog, in dem abwechslungsweise gesprochen und zugehört wird. In diesem Hin und Her entsteht ein Gleichgewicht von Nehmen und Geben. Der erste Rundgang während der Nachtwache ist dafür ein gutes Beispiel. Wenn ich es dabei schaffe, mit jedem Menschen eine kurze Begegnung zu haben, bei

welcher gegenseitig Vorstellungen und Erwartungen ausgetauscht
werden können, verläuft die Nacht meist viel ruhiger.

Beim *Anregen/Reizen* wird ein Impuls von außen gegeben.
Das gemeinsame Planen von Tätigkeiten in den nächsten Stunden
sowie auch konkrete Aufforderung zur Eigeninitiative sind Anregungen. Reize können jedoch auch physisch, durch Kälte- oder
Wärmeanwendungen, verursacht werden.

Menschen dürfen auch *belastet* werden. Dem Menschen
kann viel zugemutet werden. Oftmals sind es die Außenstehen-
den, die die Belastung als unerträglich erleben. Auf der physischen
Ebene zeigt sich das Belasten dadurch, daß ich einem Menschen
auch zumute, eine unangenehme Situation über eine kurze Zeit
auszuhalten. Dies ereignet sich zum Beispiel, wenn jemand sich
bewegen muß und gleichzeitig bei jeder Bewegung sich Schmerzen zeigen.

Das *Erwecken* ist eine besondere Steigerung des Anregens.
Mit fachlichen Informationen zur Krankheit oder mit Gedanken
zu Lebensfragen können erweckende Elemente in einem Gespräch entstehen. Sind es doch oft «Aha-Erlebnisse», die uns aus
der Dumpfheit befreien können. Das Erwecken zeigt sich auch
am Morgen beim Wecken. Wie ich einen Menschen wecke, so beginnt er seinen Tag.

Mit dem *Bestätigen,* vor allem im Gespräch, kann ich dem
andern Sicherheit geben. Begleite ich zum Beispiel eine Patientin
ins Bad, so kann ich ihr durch Lob und Anerkennung bestätigen,
daß sie es gut macht. Ich kann ihr so den Wert ihrer Handlung bestätigen.

Der Wert des *Aufrichtens* zeigt sich am klarsten beim Aufstehen. Ein noch träger Blick einer Patientin im Bett kann sich plötzlich zu einem interessierten Schauen beim Aufstehen umwandeln. Eine neue Sichtweise verwandelt oft auch das Denken von Patienten. Sie werden lebendiger und können neue Ideen kreieren, oder Freude verspüren, etwas Neues zu erringen, wie zum Beispiel das Mittagessen am Tisch einzunehmen.

Das *Wesentliche* kann sich *hervorkehren,* wenn der Körper bei der Morgentoilette mit Wasser in Kontakt kommt. Besonders klar wird das erlebt, wenn ein Mensch nach einer schlaflosen oder schmerzvollen Nacht gewaschen wird. Durch den Kontakt mit Wasser wird die Haut berührt und der Mensch ist erfrischt, kommt zu sich. Das Wesentliche des Menschen kann sich zeigen.

Mit dem Wert des *Ernährens* wird die Grundlage einer körperlichen Existenz geschaffen. Durch eine gezielte Ernährung, zum Beispiel mit einer Diät, kann ein Gesundungsprozeß so unterstützt werden, daß nicht zu viele Kräfte des Menschen an den Verdauungsstoffwechsel gebunden werden und die freien Kräfte sich im Heilungsprozeß betätigen.

Das *Entlasten* heißt, daß der Mensch in allen Tätigkeiten des täglichen Lebens, wie zum Beispiel Waschen, Anziehen oder Sich-einen-Tagesrhythmus-Geben, von den Pflegenden gezielt unterstützt wird. Dadurch werden Kräfte frei für den Heilungsprozeß.

Der Wert des *Abwehrens* liegt darin, daß der Mensch durch Vorsichtsmaßnahmen, wie zum Beispiel Händedesinfektion, geschützt wird. Oder es werden besondere Vorkehrungen, wie gute Schuhe beim Aufstehen anzuziehen, getroffen. Das Abwehren bedeutet manchmal auch, daß die Privatsphäre des kranken Menschen zu schützen ist, da er selber keine Kraft dazu hat.

Abschließend kann gesagt werden, daß diese Werte die Vielfalt von Absichten aufzeigen, die eine Handlung prägen und ihr die Richtung geben. Wenn Handelnde sich für einen oder mehrere Werte bewußt entscheiden, zeigt sich die Wirksamkeit dieser Werte besonders stark.

Wie kommt es zum ethischen Handeln?

Handlungen sind wirksam, sie führen zu einer Veränderung in der Welt. Handlungen werden durch eine vorausgehende Vorstellung bestimmt und üben auch eine Wirkung auf den handelnden Menschen selbst aus (Steiner 1978, S. 146). Menschliche Handlungen sind nach Rudolf Steiner (1978, S. 13ff.) solche, die bewußt durchgeführt werden. Bewußte Handlungen sind begründet, zeigen eine Absicht und ergeben einen Sinn. Ich muß wissen, aus welchem Grund ich diese Handlung vollziehe. Dabei sind Vorstellungen und Erkenntnisse nötig, damit ich ethische Probleme, Werte und Meinungen in den Handlungen erkennen kann.

Handlungen und Stimmungen

Handlungen haben ihre eigene Prägung. In der pflegerischen Handlung können wir sieben Qualitäten oder – wie Rolf Heine (1998) sie nennt – «Stimmungen» erkennen. Diese sieben Stimmungen sind von den sieben Lebensprozessen nach Steiner (1964, S. 113) abgeleitet: Atmung, Wärme, Ernährung, Aussonderung, Erhaltung, Wachstum und Reproduktion. Pflegerisches Handeln, bei dem Menschen gemeinsam tätig sind, weist die gleichen Gesetze wie die Lebensprozesse auf. Rolf Heine gibt den sieben Stimmungen folgende Namen: Spiegeln, Begleiten, Vermitteln, Organisieren, Mitleiden, Führen und Interessieren.

Das *Spiegeln* ist eine Stimmung, in der die Pflegende die Bedürfnisse der betreuenden Menschen aufnimmt und sie dem Gegenüber im Gespräch reflektiert.

Das *Begleiten* zeigt sich als wichtiger Aspekt während der ganzen Betreuung eines Menschen. Es ist ein Dasein, das unsichtbar ist und trotzdem wahrgenommen wird.

Die Stimmung des *Vermittelns* ist «Brücken bauen», um Verständnis für beide Seiten zu ermöglichen. Das Vermitteln bedeutet auch, die Vielfalt an Handlungen aufzuzeigen, um eine breite Meinungsbildung beim Gegenüber zu ermöglichen.

Organisieren bedeutet, die Übersicht zu haben und wachsam Veränderungen zu beobachten. Dadurch wird es möglich, den Prozeß bei Bedarf zu unterbrechen und neu zu greifen.

Das *Mitleiden* ermöglicht in der pflegerischen Handlung, daß ich mich auf den andern Menschen einlassen kann, daß ich mich für eine gewisse Zeit an seine Seite stelle und mit ihm bin.

Das *Führen* erleben wir in der Pflege in der konkreten Handlung, zum Beispiel beim Führen von Bewegungen bei einer schwierigen Tätigkeit oder auch beim Führen einer Gruppe von Menschen.

Interessieren ist die Grundstimmung. Sie bedeutet, daß eine Handlung auf der Basis von Interesse geschieht. Dieses Interesse kann je nach Handlung allgemeiner oder spezifischer Art sein.

Die sieben Stimmungen der pflegerischen Handlung zeigen mir die leitenden Absichten einer Tätigkeit in der Pflege. Rolf Heine (1998) sagt: «Die pflegerischen Stimmungen prägen und modifizieren die pflegerischen Gesten.» Das zeigt auf, daß die Stimmungen den Werten eine ganz bestimmte Bedeutung geben können. Sie geben eine Bedeutung, die mir in Momenten, in denen ethische Fragestellungen eine Antwort verlangen, einen weiten Horizont ermöglichen. Dadurch erlange ich die Fähigkeit, Ereignisse aus verschiedensten Perspektiven zu betrachten, zu hinterfragen und zu erkennen.

Die moralische Technik

Rudolf Steiner beschreibt in der «Philosophie der Freiheit» (1978), wie die «Idee der Freiheit» zur moralischen Intuition führen kann. Auf der Motiv- und auf der Triebfederseite, die er unterscheidet, werden je vier Stufen aufgezeigt. Eine Voraussetzung für den Prozeßverlauf ist es, die eigene Grundhaltung zu kennen.

Motiv- und Triebfederseite lassen sich eigentlich nicht getrennt betrachten, denn in einer Handlung zeigen sie sich immer gemeinsam. Der Klarheit halber werde ich aber die Stufen der Motiv- und der Triebfederseite einzeln beschreiben. Weiter werde ich sie anhand der Situation der Patientin aus dem Ereignis «Als es nie recht war ...» erläutern.

Die Motivstufen

«Das Motiv ist der augenblickliche Bestimmungsgrund des Wollens ... des Individuums» (Steiner 1978, S. 118). Es ist das Interesse in der Handlung. Motive sind Vorstellungen aus unserer eigenen Ideenwelt und aus unserer Umwelt. Sie prägen unser Tun und bestimmen im Moment die Richtung der Handlungen. Das Motiv zeigt sich in der Handlung als Vorstellung, die nach Steiner (1978, S. 119) «den Zweck meines Wollens» oder das Interesse im Augenblick bildet.

Stufe 1

Auf der ersten Stufe handelt es sich um Motive, die zeigen, daß sich der Mensch selber am nächsten ist. Es ist der Egoismus, der im Motiv steckt. Es sind Vorstellungen über das eigene und, wenn es das eigene fördert, auch über das fremde Wohlergehen. Es ist die größtmögliche Anzahl vorgestellter Lust.

Was bedeutet das in bezug auf die Patientinnensituation? Eine unzufriedene Patientin ist lästig, denn sie erkennt meine Bemühungen nie. Ich habe mich bei jeder Begegnung mit der Patientin mit dieser Laune auseinanderzusetzen. Meine Handlungen sind geprägt durch Hoffnungslügen, durch Bestätigung meiner negativen Gefühle, durch das Vermeiden von offenen Gesprächen, durch das Herumerzählen meiner Enttäuschungen und durch die Beschränkung meiner pflegerischen Tätigkeit auf das Notwendige.

Stufe 2

Diese Motive sind geprägt von einer Distanziertheit, die sich durch allgemeine moralische Prinzipien begründen läßt. Diese Prinzipien werden als notwendig anerkannt und befolgt. Sie zeigen sich als Gebote, Gesetze oder als Aussagen von Autoritäten. Es sind Motive begrifflicher Art, die der Mensch auch verinnerlichen kann. Diese Motive zeigen sich im Zusammenleben dadurch, daß allgemeine Normen und Werte gelebt werden.

Durch welche Motive wurden meine Handlungen auf dieser Stufe im Patientinnenbeispiel bestimmt? Es sind die Regeln und Normen der Spitalabteilung, die ich als Begründung der Patientin mitteile, damit ich die pflegerischen Handlungen pflichtgemäß auch ausführen kann. Die Patientin wird, trotz ihrer Unzufriedenheit, genauso gut, nämlich gerecht, gepflegt. Die Begegnungen mit der Patientin sind nichts Besonderes, und dementsprechend erfolgt auch keine Ausgrenzung. Wichtig ist, daß sich die Patientin an die Regeln und Normen der Abteilung hält.

Stufe 3

Die Gesetze aus eigener Überzeugung zu bilden, ist die dritte Stufe des Motivs. Der Mensch will bei der Entstehung der Gesetze mitdenken, nachdenken und mitentscheiden. Die allgemeinen Prinzipien werden so veränderbar und können in eigene Ideale umgewandelt werden. Mitdenken, nachdenken und mitentscheiden heißt, sich mit dem Inhalt der Sache auseinanderzusetzen. Beobachtungen sind mit Erkenntnissen zu vergleichen und daraus Begründungen abzuleiten, die zu meinem Motiv werden.

Welche Motive sind es, die meine Handlungen in der Patientinnensituation bestimmen? Es ist das Motiv, der Patientin Raum zu verschaffen, damit ihre Bedürfnisse in die Entscheidung miteinbezogen werden können. Das Beispiel, die Tür offen zu lassen, damit sie nicht alleine ist, zeigt dies deutlich.

Stufe 4

Auf der vierten Stufe ist der Ideengehalt der Handlung selber Motiv. Weder eigene Bedürfnisse noch eine Autorität von außen bestimmen das Motiv. Auch sind es nicht individuelle Überlegungen, die das Motiv bilden. Rudolf Steiner beschreibt die vierte Stufe folgendermaßen (1978, S. 124ff.): «Das höchste denkbare Sittlichkeitsprinzip ist aber das, welches keine solche Beziehung von vornherein enthält, sondern aus dem Quell der reinen Intuition entspringt und erst nachher die Beziehung zur Wahrnehmung (zum Leben) sucht.»

Auf der vierten Stufe vereinen sich die beiden Seiten Motiv und Triebfeder. Darum werde ich im Kapitel zur moralischen Intuition Handlungen zur Patientinnensituation beschreiben.

Triebfederstufen

Nach Rudolf Steiner ist «… die Triebfeder der in der menschlichen Organisation unmittelbar bedingte Faktor des Wollens … der bleibende Bestimmungsgrund des Individuums» (1978, S. 118). Die

Triebfeder ist die Kraft, die bestimmte Vorstellungen in Motive umwandeln kann. Jeder Mensch handelt auf eine ganz persönliche Art und Weise, die geprägt ist von seinen eigenen Erfahrungen und erlebten Gefühlen. Vorstellungen gleicher Art bewirken bei verschiedensten Menschen, je nach Biografie und Lebensaufgabe, ein individuelles Motiv. Es ist das individuelle Leben, das den Hinweis gibt, wie ich die Triebfeder der Sittlichkeit finden kann.

Stufe 1

Auf dieser Stufe entsteht die Triebfeder des Menschen direkt aus der Wahrnehmung, ohne daß sich ein Gefühl oder ein Gedanke dazwischensetzen kann. Ein unmittelbares Eigengefühl zeigt sich und bildet den prägenden Faktor. Dieser Trieb ist jedoch nicht nur bei der Befriedigung der niederen Triebe anzutreffen. Wir können ihn auch im Alltag bei Höflichkeitsverhalten oder bei Befehlen bemerken. Rudolf Steiner nennt hier die Triebfeder «Takt», eine persönliche Art und Weise des Menschen.

Wie zeigt sich die Triebfeder der ersten Stufe in bezug auf die Patientinnensituation? In den ersten Gesprächen mit Frau Müller in der Nacht zeigte ich durch meinen ärgerlichen Tonfall in der Stimme, daß ich ungeduldig bin. Diese Unmittelbarkeit im Sprechen, in der ich eigentlich antworten möchte, und trotzdem drängen sich die aktuellen Gefühle mit ins Gespräch. Die Unmittelbarkeit drückt sich jedoch auch ohne Wertung in Handlungen aus, zum Beispiel beim Anklopfen an der Zimmertür als automatisch durchgeführte Höflichkeitshandlung.

Stufe 2

Aus jeder Wahrnehmung sind Gefühle ableitbar. Diese müssen innerlich erlebbar sein, damit sie zu Triebfedern werden. Es sind Gefühle, die den Menschen beeinflussen und ihn reagieren lassen. Rudolf Steiner schreibt (1978, S. 120): «Solche Gefühle sind etwa: das Schamgefühl, der Stolz, das Ehrgefühl, die Demut, die Reue, das Mitgefühl, das Rachegefühl und Dankbarkeitsgefühl, die Pietät, die Treue, das Liebes- und Pflichtgefühl.»[6] Diese Gefühle sind ganz persönlicher oder gesellschaftlicher Art und werden individuell ausgelebt.

Welche Gefühle haben mich bei der Patientin geleitet? Die bewußt erlebten Gefühle in der Nacht waren das geweckte Interesse der Patientin gegenüber und die Liebe zu queren oder nicht normalen Situationen.

Stufe 3

Es ist die praktische Erfahrung, die als dritte Stufe der Triebfeder zu bezeichnen ist. Diese hat gedanklichen Charakter. Praktische Erfahrung entsteht dadurch, daß wir gewisse Vorstellungen und Wissen an bestimmte Wahrnehmungen binden. Sie sind wie Muster, die ohne viel Nachdenken in die Handlung eingefügt werden können.

Wie zeigt sich auf dieser Stufe die Triebfeder? Es ist die praktische Erfahrung, die die Handlung prägt. Aus dem Umgang mit andern Patientinnen lernte ich Situationen zu verwandeln und meine Ungeduld zurückzuhalten. Dieser Lernprozeß ermöglichte es mir, daß ich mitten in der

Nacht einen Entschluß fassen und mein Verhalten in Frage stellen konnte.

Stufe 4

Auf der vierten Stufe löst sich das Gedankliche ganz aus der Wahrnehmung. Der Begriff wird durch reines Denken, mit Bezug zur Wahrnehmung, aufgebaut. Diese Vorstellung leitet uns als Triebfeder in der Handlung bewußt auf die bestimmte Wahrnehmung hin. Steiner nennt diese Stufe auch (1978, S. 121ff.) «praktische Vernunft».

Wie könnte sich diese Stufe auszeichnen? Im folgenden Kapitel versuche ich eine mögliche Antwort zu geben.

Die moralische Intuition in der Handlung

Je höher wir in den Stufen steigen, desto mehr durchdringen sich die beiden Seiten von Triebfeder und Motiv und vereinen sich auf der vierten Stufe. Die Handlungen sind mehr und mehr befreit von Einflüssen von außen und innen. Das Motiv wie auch die Triebfeder zeigen auf der vierten Stufe, wie sich das individuelle Denken aus dem Prozeß zurückzieht und sich die moralische Intuition als ideeller allgemeiner Inhalt zeigt. Diese Stufe bezeichnet Steiner als «Intuition». Der Rückzug des individuellen Denkens weist jedoch auf eine Gefahr hin. Ohne individuelles Denken verliere ich den Bezug meines Denkens. Damit mein Denken nun nicht abschweift, ist es nötig, daß ich das «Ich-Bewußtsein» pflege.

In der moralischen Intuition stärken wir unser Wesen und unsere Individualisierung. Gleichzeitig werden wir immer objektiver und weltoffener und können das Egoistische hinter uns lassen. Unser Ideal ist offen für viele Maximen. Wir sind nicht mehr gebunden durch die Triebe und Motive. Nichts zwingt uns mehr. Wir haben plötzlich unendlich viele Möglichkeiten. Das entbundene «Ich» ist umgeben von Möglichkeiten. Ohne diese Kraftquelle der moralischen Intuition wäre die Verbindung zur Welt von gegebener Art. Ideale dürfen jedoch nicht verfestigt werden; denn sonst verlieren sie den Gehalt eines Ideals, das Lebendige, Kreative und Visionäre.

Wie könnte sich eine moralische Intuition bei der Patientin zeigen? Pflegerische Handlungen auf dieser Stufe sind meisterhafte Tätigkeiten. Die Idee des freien Menschen, der in jedem Augenblick mehr Mensch wird, lebt in der Pflegenden als unmittelbare Tatsache und wirkt somit auf die Handlung. In der Begegnung mit der Patientin konnte ich ihre Eigenheit kennenlernen, und diese ganz persönliche Art der Patientin leitete schließlich meine Tätigkeiten. Der starke Wille wie auch die Eigenheit der Frau konnte von mir in die Pflege miteinbezogen werden. Die Patientin konnte sich dadurch als Persönlichkeit erleben. Die Vereinbarungen, wie auch das Versprechen, waren für diese Situation das Richtige. Die Patientin fand durch das geschaffene Vertrauen die Ruhe, die sie für den Heilungsprozeß benötigte.

Anmerkungen

1	Siehe Kapitel «Was bestimmt unsere Grundhaltung?» S. 49.
2	Siehe Kapitel «Was bestimmt unsere Grundhaltung?» S. 50.
3	Siehe Kapitel «Wie kommt es zum ethischen Handeln?». S. 56.
4	Siehe Kapitel «Die moralische Technik». S. 58.
5	Siehe Kapitel «Die moralische Intuition in der Handlung». S. 64.
6	Fußnote von R. Steiner (1978): Eine vollständige Zusammenstellung der Prinzipien der Sittlichkeit findet man (vom Standpunkt des metaphysischen Realismus aus) in Eduard von Hartmanns «Phänomenologie des sittlichen Bewußtseins».

Literatur

Ausländer, R. (1984): Gelassen atmet der Tag. Frankfurt a. M.: Fischer.

Ausländer, R. (1990): Schweigen auf deine Lippen. Frankfurt a. M.: Fischer.

Bryant, W. (1997): Der verborgene Puls der Zeit. Dornach: Verlag der Pforte.

Dudenredaktion (1989): Duden «Etymologie». Mannheim, Zürich: Duden.

Heine, R. (1998): Die pflegerische Geste. Autorreferat eines Vortrages, gehalten auf der Internationalen Tagung für Krankenpflege am Goetheanum am 18. Mai 1998.

Lindenberg, Chr. (1988): Rudolf Steiner. Hamburg: Rowohlt.

Nightingale, F. (1924): Notes on Nursing. London: Harrison.

Pieper, A. (1994): Einführung in die Ethik. Tübingen/Basel: Francke Verlag.

Pleşu, A. (1992): Reflexion und Leidenschaft. Wien: Deuticke.

Steiner, R. (1964): Das Rätsel des Menschen. GA 170. Dornach: Rudolf Steiner Verlag.

Steiner, R. (1978): Philosophie der Freiheit. GA 4. Dornach: Rudolf Steiner Verlag.

Flammen in mir lodern zu Gott, 1934

Christine Pflug

Christine Pflug – im Bereich Biographiearbeit und Lebensberatung tätig – erlebt täglich, wie es die Begegnung ist, die am Anfang aller Ethik steht. Sie kennt aber auch den Abgrund, der sich auftut, wenn darum gerungen wird, zu erkennen, daß die wirklich hilfreiche Beratung nur die Selbstberatung sein kann, die Hilfe zur Selbsthilfe.

«Alles wirkliche Leben ist Begegnung …
Ich werde am Du. Ich werdend spreche ich Du.»

Martin Buber (aus: *Ich und Du*, Stuttgart 1996)

Am Anfang steht Begegnung

Wie finde ich zu einem echten Kontakt mit dem anderen Menschen? Wie kann ich mit meinen Anliegen, Fragen, mit meinem ganzen So-Sein bei ihm wirklich ankommen? Und gerade in sozialen Berufen und auch im privaten Leben kommt dazu sofort die Frage: Wie kann ich gleichzeitig im Kontakt mit mir selbst sein? Was ist die richtige Haltung mir selbst gegenüber? Neben allen methodischen Möglichkeiten, allem fachlichen Wissen, eigenen Üben und so weiter spielen bewußt oder unbewußt eingenommene Haltungen die entscheidende Rolle.

Ethische Haltungen können unmittelbar im Gespräch, aber auch in einer nonverbalen Kommunikation ohne Worte wirken und wahrgenommen werden. Daß sie ein wirksamer Faktor sind, wenn man in einer therapeutischen Situation Entwicklung und Heilung fördern will, ist in der Psychologie bekannt.[1] So hat der

Psychotherapeut Carl Rogers schon in den fünfziger Jahren des 20. Jahrhunderts erforscht, daß die Heilungsprozesse seiner Patienten durch die Haltungen der «Empathie, Echtheit, Akzeptanz» seitens des Therapeuten wesentlich gefördert werden.[2]

Beispiele aus dem Alltag:

Ein junger Mann wird nach einem schweren Verkehrsunfall in die Klinik eingeliefert. Er hat erhebliche Schädelverletzungen. Bedingt durch seinen eigenen Schockzustand ist er nicht in der Lage, die Risiken der folgenden Operation zu erfragen. Wochen später kann er einschätzen, daß zunächst von seinem Befinden und seinem Aussehen her die Operation erfolgreich verlaufen ist. Da aber offensichtlich wesentliche Zentren des Gehirns geschädigt waren, fragt er nach den möglichen Spätfolgen. Vom leitenden Arzt erhält er ausweichende Antworten: der chirurgische Eingriff sei äußerst gut verlaufen – mit diesem Ergebnis könne er sich doch zufriedengeben.

Eine Frau, Ende dreißig, hat in ihrer Partnerschaft immer wieder ähnliche Probleme, die bis zu psychosomatischen Beschwerden führen. Sie möchte mit diesem Thema endlich einmal klarkommen und läßt sich von ihrem Arzt zu einem Psychotherapeuten überweisen. Dort spricht sie ihre Nöte aus und empfindet zunächst Erleichterung. Auch werden ihr durch die Fragen des Therapeuten einige Zusammenhänge in ihrem Leben bewußter. Nach den ersten Sitzungen aber fühlt sie sich in der Therapie nicht mehr wohl und hat das Gefühl, zu stagnieren. Sie bespricht die Situation mit ihrer Freundin: Der Therapeut würde meist nur zuhören und nur wenige Fragen stellen. Eine Rückmeldung oder ein Kommentar zu ihrer Situation gebe er nur auf massives Nachfragen, und das sei für sie allmählich anstrengend. Sie fühlte sich wie vor einer Mauer, in ihren Unsicherheiten alleine gelassen und nicht «dort abgeholt, wo sie steht». Nach der siebten Stunde brach sie dann die Therapie ab.

Eine 7. Klasse fährt auf die Klassenfahrt. Die Lehrerin bittet die Eltern an dem vorangehenden Elternabend, daß sie dafür Sorge tragen mögen, daß die Jugendlichen ihre Walkmans zu Hause lassen. Auf der Klassenfahrt zeigt sich dann, daß die Hälfte der Klasse sie doch dabei hat. Die Lehrerin sammelt die Walkmans ein, was zu Ärger und Gemaule führt. Diese Mißstimmung wird nach der Klassenfahrt von den Eltern auf dem Schulhof weiterdiskutiert. Einige berichten, wie sie sich ihren Kindern gegenüber durchsetzen konnten, andere meinen: «Ich fand es völlig in Ordnung, daß mein Kind den Walkman dabei hatte und wollte es gar nicht verbieten. Die Lehrerin hätte mit uns besprechen müssen, ob wir mit diesem Verbot überhaupt einverstanden waren ...»

An diesen Beispielen kann man sehen, daß Fachwissen – und sei es noch so gut – zur Situationsbewältigung nicht ausreicht. Auch gibt es Situationen, die so fordernd oder angespannt sind, daß die natürliche und im Alltag vorhandene Freundlichkeit als Haltung nicht mehr genügt oder schlagartig verschwinden und schärfsten emotionalen Reaktionen Platz machen kann. Begegnung öffnet neue Möglichkeiten des Verstehens, aber auch existentielle Abgründe. Es zeigt sich, daß hinter den professionellen und auch privaten Gesprächen und Handlungen etwas wie hindurchleuchten muß, das uns als ganzen Menschen anspricht. Es geht um das Erleben und Üben einer Menschlichkeit in der Begegnung, die für beide neu ist.

Hierzu eine Übung. Man fragt sich: Wann hat mir selbst eine Begegnung – in den meisten Fällen wird das in Form eines Gesprächs gewesen sein – wirklich weitergeholfen?

Vielleicht gab es nicht viele Gelegenheiten, da ich das erleben konnte, dennoch kann ich mich vielleicht an eine solche Sternstunde der Begegnung erinnern. Jetzt denke man über folgende Fragen nach:

Wie ging es mir während und vor allem nach dem Gespräch?

Was hat der andere Mensch zu dem guten Gelingen beigetragen?

Was genau war es, daß ich mich dadurch verstanden, aufgerichtet, klarer, mutig, gelassener, heiter, mehr bei mir selbst, heller, entschieden(er) … fühlte?

Wer eine solche Übung in der Erinnerung an Begegnungen vornimmt, sieht ganz klar: Im allgemeinen erscheint uns nicht zum

Beispiel die spezielle Fragetechnik oder fachliche Intervention als wesentlich, sondern die *Haltung* des Menschen, mit dem wir gesprochen haben. Die Art und Weise, wie er mit uns umgegangen ist, zum Beispiel: «Der andere hat sich wirklich für mich interessiert.» – «Ich fühlte mich angenommen und mit Respekt behandelt.» – «Er hat mich ernst genommen.» – «Es war eine Atmosphäre von völliger Annahme und ohne jegliche Beurteilung.» – «Er hat mehr in mir gesehen, als ich mir zunächst selbst zutraute …»

Oft hat sich nach solchen Begegnungen etwas gelöst: Wo vorher ein Stau oder eine Verhärtung war, entsteht wieder Bewegung. Vielleicht findet man bald danach (oder sogar sofort) eine konkrete Lösung eines Problems, womöglich stellt sich eine Änderung wie von selbst ein, vielleicht wird eine schwierige Situation nicht mehr so schmerzhaft wie zuvor erlebt.

Erinnern wir in der Übung solche ethischen Haltungen, bedeutet das nicht, daß gut angewandte therapeutische Methoden oder Interventionen unwichtig sind, sondern die innere Haltung des Gesprächspartners sich in diesen ausgedrückt hat und letztlich entscheidend zur Hilfe beitrug.

Der ethische Charakter einer Haltung – wo stehe ich selbst?

In einer gelungenen Begegnung zeigt sich die Haltung unseres Gegenübers wie etwas Selbstverständliches, Leichtes, sie erscheint nicht angestrengt oder absichtsvoll gemacht. Prüft man sich dagegen selbst mit ehrlichem Blick, wird man feststellen, wie man selbst oft weit von diesen Haltungen entfernt ist.

Jemand fragt mich in einer schwierigen Schicksalssituation nach dem Warum oder was er denn jetzt machen solle. Wie schnell bin ich geneigt, ihm eine «passende» Lösung mitzuteilen, zumal, wenn ich aufgrund meiner Lebenserfahrung und Professionalität die Lage zu überblicken glaube. Ich fühle mich kompetent, klug und in meinem Selbstwertgefühl gehoben, vielleicht will ich auch «nur» möglichst schnell zu einem Ergebnis kommen – aber: Handelt es sich tatsächlich um eine Schicksalsfrage – und nicht um ein fehlendes Sachwissen –, so habe ich damit in die Freiheit des anderen Menschen eingegriffen. Statt ihn dabei zu unterstützen auf seinem eigenen Weg der Suche, weiterzukommen – seine eigene Lösung zu finden –, habe ich ihn mit meiner gut gemeinten Antwort abgelenkt, irritiert oder sogar mutlos und vielleicht auch abhängig gemacht. Möglicherweise läßt der andere aus meinem «guten Rat» sogar noch eine Handlung folgen, die dann weder seinen Fähigkeiten noch seinem individuellen Lebensweg gemäß ist. Als Therapeut bin ich dann von einem «Gefährten» zu einem «Manipulator» geworden.[3]

Wenn man schon durch langwierige Ausbildungen und berufliche Erfahrungen eine Rolle erworben hat: Wie leicht fühlt man sich dann gerechtfertigt, diese auszuspielen?

Wenn man aus privaten oder beruflichen Beweggründen am Schicksal anderer Menschen teilnimmt: Wie messerscharf ist dann doch oft die Grenze zwischen: Stelle ich diese Frage aus Interesse am anderen, oder mischt sich da meine persönliche Neugierde, Sensationslust oder ein verstecktes Machtbedürfnis dazwischen?

Oder auch: Benutze oder mißbrauche ich meine Arbeit und damit meine Kunden, Probanten, Patienten, Schüler und so weiter, um dadurch die Leere zuzudecken, die ich sonst in meinem eigenen Leben fühlen würde, wenn diese mich nicht «brauchen», bewundern oder wertschätzen würden?

Begegnung – wo stehen wir damit?

Oft sind wir ambivalent: auf der einen Seite haben wir eine große Sehnsucht nach einer gelungenen Begegnung, auf der anderen Seite aber vermeiden wir Nähe. Isolation und Oberflächlichkeit prägen schmerzhaft die Qualität vieler Beziehungen.

Es mag Erinnerungen an frühere Zeiten geben, «wo das noch ging», wo eine Harmonie scheinbar von alleine vorhanden war. Schaut man sich aber die Beziehung der Menschen untereinander an, kann man es so beschreiben, daß sie wie von einem gemeinsamen Rahmen gehalten war.

Dieser gemeinsame Rahmen waren Konventionen, Normen und Regeln für das alltägliche Leben, an die sich jeder hielt. Keiner «fiel aus dem Rahmen». Individuelle, selbsterrungene Anschauungen oder Lebensweisen hatte man nicht. Und damit aber auch noch keine Freiheit. Im Sozialen stand man quasi nebeneinander. Aber es war kein Gegenüber, kein wirkliches Erkennen des anderen. Heute ist das anders. In jedem lebt mehr oder weniger deutlich die Sehnsucht, der Wille, ganz «zu sich selbst» zu kommen. So hat und sucht jeder seine Entscheidungen, seine Lebensweise, seine Lebensziele – und die gelten für keinen anderen. Dadurch baut jeder zunächst seinen ganz «eigenen Rahmen», in den kein anderer «hineinpaßt».

Gleichzeitig suchen wir uns gegenseitig auf eine neue Weise und entdecken: Eigentlich ist erst so ein «Gegenüber» wirklich gegeben und möglich. Man will von dem anderen Menschen in der eigenen Individualität gesehen, erkannt und angenommen werden. Und auch ihm möchte man in dieser – einmaligen – Weise begegnen.

Auf welchen Ebenen tritt man mit einem anderen Menschen in Beziehung?

Zum einen ist es die Gedankenwelt eines jeden. Diese läßt sich nachdenken, nachvollziehen und in einem gewissen Maß auch überprüfen. Ist man in der Lage, seine Gedanken klar zu formulieren, können die unterschiedlichen Meinungen verstanden und besprochen werden.

Empfindlicher werden wir aber in unseren Gefühlen, die jeder für sich alleine hat. Hier kann es nur darum gehen, sie sich gegenseitig mitzuteilen, denn der andere fühlt meist etwas anderes als man selbst. Schwieriger wird der Kontakt natürlich, wenn man zu den eigenen Gefühlen keinen Kontakt hat, sie ambivalent sind, man sich ihrer schämt, sie verletzt sind oder ähnliches.

Ganz komplex und diffizil wird es im Bereich des Willens. Die eigenen Handlungen, und seien sie auch nur vorläufige Absichten, sind uns völlig eigen. Wer reagiert nicht völlig empört, wenn ihm jemand anders vorschreiben will, wie er zu sein habe und entsprechend handeln müsse? Indem man bestimmte Dinge tut (oder auch läßt), etwas aufsucht, etwas «in die Welt stellt», verwirklicht man nicht nur sein eigenes Schicksal, sondern greift auch in das der anderen ein. In diesem Bereich kann man es mit sich oder anderen schwer, jedoch besonders schwer haben, wenn man nicht weiß, was man selber will oder was gewollt wird beziehungsweise nicht! Manchmal sind Umwege nötig, um an die eigenen Willensimpulse heranzukommen.

Diese drei Ebenen des Seelenlebens werden in einer guten Begegnung wahrgenommen, miteinbezogen oder auch bewußt gemacht.

Unternimmt ein Mensch das Bemühen, diese, in der Skizze aufgezeichnete Kluft zu seinem Gegenüber zu überbrücken, kann noch etwas weiteres entstehen, das über die aktuelle Begegnung hinausgeht, wenn wir an die vorhin geschilderte Übung einer gelungenen Begegnung zurückdenken: Ist so ein Gespräch eine wirkliche Sternstunde gewesen, so zeigt sich nicht nur das, was gegenwärtig oder auch von der Vergangenheit in einem lebt, sondern man kommt an ein bestimmtes Potential von sich selbst heran. Man ist verbunden mit *dem* Anteil des eigenen Wesens, zu dem man am liebsten werden möchte. Vielleicht zeigt sich dieses Erlebnis wie ein klarer, runder, heller Zustand. Man spürt einen Zukunftsimpuls, gleichzeitig etwas, das jenseits von Zeit und

Raum liegt. Man hat also nicht nur das gegenwärtige «alltägliche» oder auch «niedere» Ich geklärt, sondern es konnte auch etwas von dem «höheren» Ich erlebbar werden, das sich in uns realisieren möchte.

Berührungen mit dem höheren Ich sind eindrücklich, auch wenn sie in unseren zeitlichen Dimensionen gemessen flüchtig sind. Sie können ergreifend sein, aber auch leise und erst viel später bemerkt werden. Es ist das, wonach sich menschliche Sehnsucht richtet. Und vor allem ist es die Quelle, aus der jeder weiß, was für ihn alleine und in seiner speziellen Situation die richtige – «ethische» – Entscheidung oder Handlung ist. Man kann also durch die eigenen Bemühungen nur die Bedingungen schaffen, in denen ethisch wertvolle, das heißt individuelle und angemessene Lösungen entstehen.[4]

Handwerkszeug zu einer Ethik des Gesprächs

Wie lassen sich in der Begegnung die Bedingungen für eine individuelle Ethik herstellen? Was man als Handwerkszeug zur Verfügung hat, sind die Fähigkeiten des *Denkens, Fühlens* und *Wollens*.[5] Der Mensch kann lernen, sie immer gezielter und freier zu handhaben und dadurch eine Brücke zum anderen zu schlagen.

So wie man weiß, daß man eine Säge für Holz, einen Schraubschlüssel für Metall benutzt, ist es sinnvoll, zu unterscheiden, welche Haltungen zu der jeweiligen Ebene gehören.

Im Denken

ist es notwendig, die äußeren Tatsachen wirklichkeitsgemäß zu beschreiben und zu erfassen. Das gilt auch für die «innere Realität» des Gesprächspartners, der sich über die Außenwelt eigene Gedanken macht. Ob diese mit den äußeren Tatsachen in einem wirklichkeitsgemäßen Zusammenhang stehen oder nicht, muß in den verschiedenen Situationen unterschiedlich beurteilt werden. In Konflikten beispielsweise können scheinbare Fakten von den beiden Parteien völlig verschieden beschrieben werden. Bei den äußeren Tatsachen sind Beobachtungen und Beschreibungen angesagt, die durch subjektive Filter – Vorurteile, Wünsche, Gefühle, Tempo – nicht getrübt sein sollten. Zu der Tatsachenwelt muß jeder seine eigenen Gedanken, Erinnerungen, Einfälle und so weiter äußern.

Die ethischen Grundhaltungen dafür sind: Interesse, Aufgeschlossenheit, Verständnis. Die eigene Denkfähigkeit wird eingesetzt, um die Gedankenwelt des anderen zu erforschen, den Bezugsrahmen seiner Situation zu erkunden, zu verstehen, zum Beispiel, mit welchen Inhalten er bestimmte Begriffe füllt.

Im Fühlen

bedarf es der Haltung von Zugewandtheit, Wärme, Empathie, Akzeptanz, Wertschätzung. Damit ist nicht persönliche Sympathie gemeint. Diese kann in der Beratungssituation wie auch in der persönlich-privaten Begegnung – wenn man sich ihrer nicht bewußt ist und sie nicht zur Seite stellen kann – die Begegnung verstellen: Beispielsweise will man den anderen fördern und ihn auf den besten Weg führen, aber er selbst hat dazu keine eindeutige Willensäußerung gegeben. Oder: Man identifiziert sich mit seinem Problem, das man vielleicht selbst auch hat, und kann seine Situation nicht mehr mit dem angemessenen Abstand betrachten. Hier ist ein authentisches, das heißt echtes Verhalten gewünscht, als Mensch präsent zu sein, sich selbst annehmen zu können und dadurch offen und frei zu sein für den anderen. In der therapeutischen Begegnung muß das eigene Gefühlsleben so fein ausgebildet sein, daß man es als Wahrnehmungsorgan benutzen kann, das heißt spürt, welche Stimmungen in dem anderen Menschen oder in der Situation leben. Man muß sich dazu selbst so gut kennen, daß man diese von den eigenen subjektiven Gefühlen unterscheiden kann.

Es gibt in diesem Bereich eine Reihe von möglichen Störungen, wie Übertragungen, Gegenübertragungen, Projektionen und so weiter.[6] Aber auch nett gemeinte Gesten wie bloßer Trost oder Beschwichtigung können den Gesprächspartner «klein» machen und dazu führen, daß er sich nicht ernst genommen fühlt.

Im Willen

geht es um eine schwierige Herausforderung: den eigenen Willen so zu führen, daß man nicht in die Freiheit des anderen Menschen eingreift. Auf einer gleichberechtigten Ebene soll man ihn so unterstützen, daß er zu seinem eigenen Willen finden kann. Achtung und Respekt vor dem Schicksal des anderen ist unbedingte Voraussetzung, auch wenn man «so viel besser weiß, was für ihn gut ist». Es ist eine wirkliche Kunst, die eigene Willenskraft so zu benutzen, daß man durch intuitiv erfaßte oder erlernte Methoden, Fragestellungen, äußere Strukturen und so weiter den Rahmen schafft, in dem der andere zu sich selbst und seinen eigenen Lösungen finden kann.

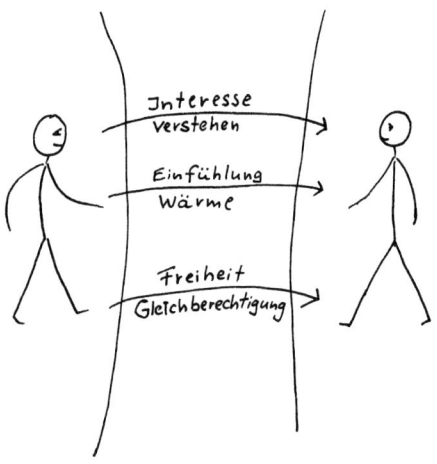

Ethische Haltung – mir selbst gegenüber?

An einem Vortrag über Gesprächsführung präsentierte ich dem Publikum diese ethischen Haltungen. Eine ältere Dame meldete sich empört: Sie habe ihr Leben lang das alles praktiziert. Sie sei immer auf andere eingegangen, habe sie respektiert und verstanden, sich in sie eingefühlt und ihre Bedürfnisse erfragt. Und dabei sei sie selbst immer zu kurz gekommen. Davon habe sie jetzt genug, und in Zukunft wolle sie sich nur noch um sich selbst kümmern.

Was liegt hier vor? Um eine Grundlage zur Beantwortung dieser
Frage zu haben, stelle man sich einmal vor, wie man sich denjenigen wünscht, den man in einer (beratenden, therapeutischen und
so weiter) Begegnung vor sich hat. Man wird sich jemand wünschen, der echt ist, der selbst lebt, was er anderen verkündet, als
freier Mensch selbstverantwortlich handelt und für sein inneres
Gleichgewicht sorgt. Man möchte nicht für seinen Helfer Verantwortung übernehmen, «ob er es auch wirklich ertragen kann, was
ich heute erzähle», man möchte nicht in der Unsicherheit schwe-
ben, ob man irgendwie zurückgeben muß, und sei es durch be-
tonte Dankbarkeit, was man bekommen hat. Man will nicht etwas
sozial «Gewolltes oder Gemachtes» oder daß der andere ungefragt
Opfer bringt – auch wenn gute Absichten dahinter stehen mögen.
Kurz: Trotz der Rolle als Hilfesuchender versteht man sich als ein
selbstbewußtes Ich und möchte einem anderen genauso selbst-
bewußten Ich gegenübertreten.

    Das heißt: Der Berater muß sich genauso interessiert, liebe-
voll und mit innerer Freiheit um sich selbst kümmern, wie er es
den anderen entgegenbringt – er ist für das Gleichgewicht in
seinem «seelischen Haushalt» verantwortlich. Handelt es sich
um eine professionelle Situation, muß er zudem seine «Wahrneh-
mungsinstrumente» ständig schulen und üben.

    Es ist ein großes Mißverständnis und eine Gefahr, zu mei-
nen, sich in einer Begegnungssituation aufgeben zu müssen. Er-
forderlich ist ein ständiges Hin- und Herpendeln. Die Aufmerksamkeit wird auf das Gegenüber gerichtet, dann muß sie aber
wieder zu sich selbst zurückkehren: «Was sagt mir diese Situation?»

– «Welche Gefühle entstehen dazu in mir?» – «Was wird in mir angerührt?» – «Stellen sich innere Bilder, Ideen, Fragen ein?» Und immer die Frage: «Was ist meine Motivation, mich damit auseinanderzusetzen? Ist sie noch stimmig und ehrlich?»

Ethik der Haltungen – wie kann ich sie üben?

Wo Menschen in sozialen Berufen sich mit ethischen Grundhaltungen auseinandersetzen, erlebe ich die fraglose Anerkennung, daß diese Haltungen unerläßlich sind. Doch entsteht die Frage: «Wie schafft man es, diese Haltungen zu entwickeln?» Sucht man bei Rudolf Steiner nach Hinweisen für ethische Haltungen in der Begegnung, findet man diese – auch wenn sie nicht explizit so genannt werden – in den Veröffentlichungen über den inneren Entwicklungsweg, das heißt den Vorbereitungen und Grundbedingungen zur Initiation, zur Einweihung.[7]

Grundsätzlich gilt dabei, daß es nicht darum gehen kann, die eigenen Gefühle und Gedanken zu unterdrücken, um anders zu sein, als man ist. Vielmehr geht man davon aus, wie diese momentan sind, und versucht sie zunächst einmal genau wahrzunehmen. Dann kommt der entscheidende Moment, sich nicht einfach nur mit ihnen zu identifizieren und sie zur Grundlage eines Urteils oder einer Handlung werden zu lassen. Vielmehr stellt man sie zunächst wie «zur Seite» und wendet sich seinem Gegenüber zu. Diesem – egal, ob es sich um einen Menschen, etwas Gegenständliches oder eine Situation handelt – gibt man Raum, sich aussprechen zu lassen. Dieser Raum wird in der eigenen Seele geschaffen: durch das «Handwerkszeug» der eigenen Denk- und Wahrnehmungsfähigkeit, mit denen man das Gegenüber sachlich beobachtet, befragt, Aspekte aus verschiedenen Blickwinkeln und zeitlichen Phasen sammelt. Mit dem Gefühl versucht man die Qualitäten des Gegenübers wie von innen zu erleben – es ist wie ein fühlendes Ertasten, mit dem man das Fremde in sich selbst lebendig macht. Hat man diese beiden Stufen gründlich vollzogen, sie vielleicht noch nach einem zeitlichen Abstand in sich nachklingen lassen, dann kann man sich fragen: «Was spricht sich in meinem Gegenüber aus?» – «Wohin will es?» – «Was will es werden?» – «Was ist sein innerer Impuls?»

Hat man diesen Dreischritt durch Denken, Fühlen und Wollen am Gegenüber vollzogen, verändert sich die eigene, subjektiv gefärbte Reaktion des Anfangs. Man hat durch diese beiden Pole ein Spannungsfeld erzeugt, in dem sich die eigenen Gefühle immer mehr zu Wahrnehmungsorganen entwickeln. Man wird unterscheiden lernen: «Was hat mein spontan entstehendes Gefühl, diese Idee mit mir und meiner eigenen Vergangenheit zu tun, und was sagt es über mein Gegenüber aus?»

Dies unterscheiden zu lernen, kann zum Beispiel in Situationen geübt werden, die man dazu eigens herbeiführt. Man kann beispielsweise mit einem Gemälde beginnen, das man unsympathisch, unschön oder unverständlich findet. Zuerst beobachte man in sich: Was ist meine erste, spontane Reaktion? Es ist hilfreich, das auch aufzuschreiben. Dann betrachte man dieses Objekt und beschäftige sich damit: «Was genau kann man daran beobachten?» – «Wie ist es ge-

arbeitet?» – «Wie sieht es von verschiedenen Seiten aus?» –
«Was kann man sehen, anfassen, riechen, hören …?» – «Welche Gedanken, Einfälle, Hintergrundwissen … gibt es dazu?» – «Was weiß man über den Erschaffer und dessen Absichten?» und so weiter.

Nach diesem gründlichen Beobachten: «Welche Gefühle stellen sich in mir ein, wenn ich dieses Objekt von sich aus – also von dem Gegenüber aus – fühlend ertaste?»

Und schließlich: «Zu welchen Handlungen regt es mich an?» – «Was würde ich gerne damit tun?»

Dann schaue man wieder auf die Reaktion des Anfangs: «Hat sich an der ersten, spontanen Reaktion etwas verändert?» Falls ja: «Was ist es?»

Nach dieser Übung kann man eine weitere, von der Abfolge her ähnliche folgen lassen, die sich nun auf Menschen bezieht. Auch da wird der Sinn der Übung am deutlichsten, wenn man sich jemanden aussucht, den man wenig sympathisch findet.[8]

Will man die Übung von gleichsam außen nach innen weiterführen, ist die nächste Sequenz folgende.

Man nehme ein Blatt Papier, teile es in drei Abschnitte und schreibe auf einen äußeren Abschnitt: «Was mag ich an mir selbst nicht?» – «Über welche Dinge empfinde ich bei mir Abscheu, Antipathie, mag sie am liebsten gar nicht sehen?»

Auf den gegenüberliegenden anderen Abschnitt trage man Stichworte zu folgenden Fragen ein: «Was mag ich gerne an mir?» – «Was finde ich gut an mir?»

Nun ist nur noch der mittlere Abschnitt frei. Man betrachte die beiden äußeren Seiten und versuche, Charakteristisches zu erfassen. «Was stellt sich quasi als Synthese dieser beiden Pole ein?» – «Welche Worte, Sätze fallen einem für die Mitte ein?» – «Was ist es, das im Zwischenraum von ‹Ich mag mich nicht› und ‹Ich mag mich› sich als Zu-mir-Gehörendes bildet?»

Geht man solche Übungswege, kann das eigene Seelenleben immer mehr zu einem Resonanzkörper werden, mit dem man die Schwingungen des Gegenübers aufnehmen und spüren kann. Aber auch das eigene Gefühlsleben und die Selbstwahrnehmung wird dabei vielfältiger und differenzierter, so daß man dadurch für seine eigene Entwicklung und Lebensfreude eine wesentliche Bereicherung erfährt. Auch wenn solche Übungen zunächst Disziplin und teilweise Selbstlosigkeit erfordern, entsteht im Laufe der Zeit die «Nebenwirkung», daß man in anderen Bereichen, wie Kunst, Natur, überhaupt allen Wahrnehmungsbereichen, viel freudiger und intensiver genießen kann.

So kann Begegnung zu dem werden, wozu sie da ist: Ein werdendes Ich und ein Du, in deren Zwischenraum ein Drittes bemerkbar wird, das beiden zur Entwicklung verhilft.

Anmerkungen und Literaturhinweise

I   Siehe dazu: Hilarion G. Petzold: Integrative Therapie – Modelle, Theorien und Methoden für eine schulenübergreifende Psychotherapie. 2. Klinische Theorien. Junfermann Verlag, Paderborn 1993. Kapitel 5.6 «Ethik», S. 500ff.

2   Nach Sigmund Freud gilt in der Psychoanalyse die Haltung der «Abstinenz», das heißt, daß der Therapeut sich jeder persönlichen Äußerung und Beziehung zu dem Klienten enthält. Carl Rogers hat mit seiner klientenzentrierten Gesprächsführung und -therapie diese Haltung wesentlich geändert und die Beziehung von Mensch zu Mensch, das heißt von Therapeut zu Klient, in den Mittelpunkt gestellt. Der Therapeut baut eine «helfende Beziehung» (keine private) zwischen sich und dem Klienten auf, in der er sich auf bestimmte Weise einbringt. Diese Beziehung ist charakterisiert durch verschiedene Faktoren, beispielsweise: «Can I *be* in some way which will perceived by the other person as trustworthy, as dependable or consistent in some deep sense – ‹congruent›?» (S. 50) «Can I let myself experience positive attitudes toward this other person – attitudes of warmth, caring, liking, interest, respect?» (S. 52) «Can I let myself enter fully into the world of his feelings and personal meanings and see these as he does? Can I step into his private world so completely that I lose all desire to evaluate or judge it?» (S. 53) Die Rogerschen Grundhaltungen sind inzwischen Bestandteil der meisten psychotherapeutischen Schulen. Siehe hierzu: «On Becoming a Person – A Therapist's view of Psychotherapy». Carl R. Rogers, Ph.D., published by Constable & Company Ltd., London 1961, by Carl R. Rogers.

3   Siehe dazu: «Der Therapeut als Künstler» von P. Petersen (1987). Paderborn: Junfermann.

4   Rudolf Steiner: «Was tut der Engel in unserem Astralleib?» Vortrag am 9.10.1918. GA 182, Dornach 1996. Rudolf Steiner Verlag, Dornach 1981. In diesem Vortrag wird beschrieben, wie in Zukunft jeder Mensch in dem anderen ein verborgenes Göttliches sehen kann, die Menschenbegegnungen eine religiöse Handlung, ein Sakrament werden.

5 Auf der Ebene des «Willens» müssen drei Tendenzen unterschieden werden: Es gibt einen unbewußten, «schlafenden» Willen, weiterhin einen bewußten Willen, das heißt eine Absicht, und dann die tatsächliche Handlung.

6 Übertragung, Gegenübertragung, Projektionen, Verdrängungen und so weiter sind Begriffe aus der Psychoanalyse. Sie werden als Widerstände und Abwehrmechanismen bezeichnet. Siehe dazu A. Freud (1984): «Das Ich und die Abwehrmechanismen». Frankfurt: Fischer.

7 Siehe das Buch «Theosophie» von Rudolf Steiner, GA 9, Rudolf Steiner Verlag, Dornach, im Kapitel «Der Pfad der Erkenntnis» (Taschenbuchausgabe 1974, auf S. 137ff.): «Der Lernende muß in jedem Augenblicke sich zu einem völlig leeren Gefäß machen können, in das die fremde Welt einfließt. Nur diejenigen Augenblicke sind solche der Erkenntnis, wo jedes Urteil, jede Kritik muß schweigen, die von uns ausgehen.» S. 138: «Will einer den Pfad der höheren Erkenntnis betreten, so muß er sich darin üben, sich selbst mit allen seinen Vorurteilen in jedem Augenblicke auslöschen zu können.»

8 Siehe oben, R. Steiner, S. 138: «Man versuche zum Beispiel gegenüber Menschen seiner Umgebung sich jedes Urteils zu enthalten. Man erlösche in sich den Maßstab von anziehend und abstoßend, von dumm oder gescheit, den man gewohnt ist anzulegen; und man versuche, ohne diesen Maßstab die Menschen rein aus sich selbst heraus zu verstehen. Die besten Übungen kann man an Menschen machen, vor denen man eine Abscheu hat ... Oder wenn man in einer Umgebung ist, welche dies oder jenes Urteil herausfordert, so unterdrücke man das Urteil und setze sich unbefangen den Eindrücken aus. – Man lasse die Dinge und Ereignisse mehr *zu sich* sprechen, als daß man über sie spreche. Und man dehne das auch auf seine Gedankenwelt aus. Man unterdrücke *in sich* dasjenige, was diesen oder jenen Gedanken bildet und lasse lediglich das, was draußen ist, die Gedanken bewirken.»

Diese Haltungen – wenn man sie auf den menschlichen Umgang bezieht, der Schulungsweg ist natürlich umfassender – bewirken zunächst, daß sich ein anderer Mensch angenommen und verstanden fühlt.

Liest man die Beschreibungen Rudolf Steiners (Theosophie, s. o., S. 139), haben sie aber noch weiterführende Wirkungen. «Mit ande-

ren Worten: ich bin nur duldsam mit dem, was meiner Eigenart entspricht. Gegen alles andere übe ich eine zurückstoßende Kraft. So-
lange der Mensch in der Sinneswelt befangen ist, wirkt er besonders
zurückstoßend gegen alle nicht sinnlichen Einflüsse. Der Lernende
muß die Eigenschaft in sich entwickeln, sich den Dingen und Menschen gegenüber in deren Eigenart zu verhalten, ein jegliches in seinem Werte, in seiner Bedeutung gelten zu lassen …»

Wenn man diese Übung des Schulungsweges wiederum auf die
Beratung bezieht, bedeutet dies, daß ich als Berater mich einem
Menschen gegenüber so verhalten kann, daß er Neues, bislang Un-
bekanntes in sich entwickelt und in die Sichtbarkeit bringt. Damit
berührt man den Bereich des höheren Ich, das diese Zukunftspoten-
tiale in sich trägt.

«Entscheidend ist nicht, was man uns antut, sondern das, was
wir selbst aus dem machen, was man uns angetan hat.»

Jean-Paul Sartre

Jean-Paul Sartre: *Saint Genet, comédien et martyr,* Paris 1970

Leben und Tod, 1936

Felicitas Vogt

Felicitas Vogt hat sich als ehemalige Waldorfschullehrerin und Fachfrau für Drogen und Suchtberatung sowie als Vorstandsmitglied im Verein für anthroposophisches Heilwesen seit kurzem noch einmal neu orientiert. Sie arbeitet jetzt zusätzlich als neues Ensemblemitglied im Cabaret Sibylle und Michael Birkenmeier mit. Mit Hilfe der Kunst hofft sie, noch mehr, noch direkter, tiefer Gehör zu finden für die Sorgen und Nöte der Kinder und Jugendlichen.

«Der Geist gesunder Kinder ist voll von herrlicher
kreativer Phantasie, die muß gefördert werden. Das
noch unreife Kind dazu zu erziehen, bedingungslos
abstrakten Regeln zu folgen, deren Autorität nur
darin begründet ist, daß sie zumeist unverständlich in
Handbüchern niedergeschrieben sind, bedeutet diese
Vorstellungskraft zu zerstören und die Kreativität in
einen Käfig zu sperren. Ein so gedrilltes Kind wird nur
zu einem Übersetzer der Gedanken anderer Leute
heranwachsen, aber selbst nichts zu sagen haben.»

Joseph Weizenbaum

STEINE, DIE UNS TREFFEN KÖNNTEN – «MATERIALVERWECHSLUNG» UND IHRE FOLGEN

Aus «Der Spiegel» Nr. 51/2000:

Am 27. Februar 2000 warfen 3 amerikanische Schüler von einer Fuß-
gängerbrücke in Darmstadt fußballgroße Steine und eine Schneeschaufel auf die Straße. 2 Autofahrerinnen starben, 17 Personen wurden zum Teil schwer verletzt. Die Folgen waren so schrecklich, daß
darüber nicht nur beiläufig berichtet werden konnte.

Wenige Tage später flog einem Lastwagenfahrer in Neu-Ulm ein
harter Gegenstand gegen die Windschutzscheibe. Der Täter auf einer
Brücke hatte womöglich eine Steinschleuder benützt. Im März
wurde in Heide ein 14jähriger Schüler festgenommen, der Gullydeckel von einem Parkhausdeck auf fahrende Autos geworfen haben
soll.

In Bonn wurden drei 11 und 13 Jahre alte Jungen gefaßt, als sie gerade einen Stein auf die Autobahn schleuderten. Im Mai landete ein
junger Mann mit seinem VW Golf im Kreis Offenbach an der Leit-

planke, nachdem ein fünf Kilo schwerer Pflasterstein seine Front-
scheibe getroffen hatte; wenig später kollidierten ein Audi, ein Ford
und ein Toyota mit dem Stein und blieben mit zerfetzten Reifen
liegen.
Dies ist nur eine knappe Zusammenfassung dessen, was sich nach der
Darmstädter Tat ereignete. Einige Monate später, im August, wurden
drei 17jährige in Frankfurt verhaftet, nachdem einer gestanden hatte,
einen 20×30 Zentimeter großen Stein von einer Brücke auf die A5
geworfen zu haben. Der Stein durchschlug die Windschutzscheibe
eines Ford Fiesta und landete knapp neben der Fahrerin.
Am 1. Dezember begann jetzt vor einer Jugendkammer des Landge-
richts Darmstadt der Prozeß gegen die drei jungen amerikanischen
Steinewerfer ... Die Gerichte haben alles getan, um abzuschrecken.
1996 wurde ein 22jähriger Straßenwärter, der unter anderem mehr-
fach Gullydeckel von Brücken geworfen hatte, in Schleswig-Hol-
stein wegen versuchten Mordes zu 13 Jahren Freiheitsstrafe verurteilt. Doch diese und andere harte Strafen haben nichts bewirkt.
Immer und immer wieder kam es zu solchen Attacken. Auf Auto-
bahnen in Brandenburg, ein Beispiel für eine Region, wurden von
zwei jungen Männern allein zwischen März 1998 und Juni 1999 14
Anschläge auf fahrende Autos verübt.
Meist sind die Täter Jugendliche, und meist werfen sie bei Dunkelheit. Nur rund ein Drittel der Täter wird gefaßt. Wurfgeschoß kann
alles sein: Steine, Einkaufswagen, Gullydeckel, Wasserflaschen, Fernseher. Sogar Kühlschränke wurden herabgeworfen.
Frust und Langeweile waren oft die Motive. Oder das Bedürfnis, einmal im Mittelpunkt zu stehen. Oder es war der Protest gegen eine
mobile Welt, während man selbst ans Immergleiche gefesselt war.
1989 sagte einer von vier jungen Leuten, die mehrere Anschläge verübt hatten: «Wir wollten Scheiße bauen, ja, das wollten wir.»
Über die drei jungen Amerikaner ist trotz allem noch einmal zu berichten. Denn auf der Anklagebank sitzen keine «Killer-Kinder», wie
«Bild» sie nannte, nicht Monster, die sich daran berauschten, aus dem
Alltag heraus unvorhersehbar und wahllos auf Opfer zuzugreifen –
sondern im amerikanischen Militärmilieu brav an- und eingepaßte
Jungen, die sich mit ihren Eltern und Geschwistern verstehen, nicht
aggressiv, nicht verwahrlost, nicht ausgeflippt.

Als Kinder von US-Armeeangehörigen lebten sie in Lincoln Village in Darmstadt, einer von der deutschen Bevölkerung isolierten Siedlung für 1500 bis 2000 Personen. Morgens wurden sie mit dem US-Schulbus zur amerikanischen Schule nach Wiesbaden gefahren, nachmittags wieder nach Hause. Sie gingen in den amerikanischen Jugendclub, spielten Football, sie sahen amerikanische Fernsehsender, ihre Eltern kaufen in PX-Läden, manche arbeiten auch da. Die Väter spielen Videospiele wie die Söhne. Oder sitzen mit ihnen vor dem Bildschirm. Und wenn man die Siedlung mal verläßt, dann für einen Ausflug zum Freizeitpark «Phantasialand». Sie lebten ein Leben ohne Alternative wie auf einer fernen, fremden Insel. Und das mitten in Deutschland. Wie auf einem Schiff.

Der Älteste, Jesse, war zur Tatzeit gerade 18. Er kommt als einziger von den drei Angeklagten aus schwierigen Verhältnissen. Zu seinem leiblichen Vater, einem Alkoholiker, hat er keinen Kontakt. Inzwischen gibt es den vierten Vater und drei jüngere Schwestern aus den verschiedenen Ehen seiner Mutter. Und umziehen mußte Jesse schon öfter als andere Menschen in ihrem ganzen Leben. Mittelschule an vier, High School an drei verschiedenen Orten.

Deo, zur Tatzeit 17, ein Farbiger mit krausem Haar und Brille, von vier Geschwistern der zweite. Er gilt als hochintelligent und hätte im Frühjahr die High School beenden können. Er ist seit 1997 in Deutschland, fand immer wieder einmal Freunde, die dann, kaum daß man sich angenähert hatte, wieder wegzogen. Auch Deos Familie wohnte im Schnitt nie länger als drei Jahre an einem Ort.

Im selben Haus wie Deo lebte die Familie von James, zur Tatzeit 14, ein schmächtiger, zarter, scheuer Bursche, der Jüngste und mit einem IQ von 127 der Intelligenteste der Angeklagten. Auch er hat drei Geschwister. Auch seine Familie zog, bedingt durch die Tätigkeit des Vaters bei der Army, häufig um. James kannte weder die Telefonnummer seiner Eltern – wozu auch, er hatte sie im Handy gespeichert – noch die Adresse in Lincoln Village. In Deutschland lebte er erst ein halbes Jahr, als er bei der Tat mitmachte.

Diese Kinder sind nicht entwurzelt. Sie haben keine Wurzeln.

Weder Jesse noch Deo oder James sind gestörte Einzeltäter. Sie waren auch keine verschworene Gemeinschaft, keine Bande, keine Gang, als sie an jenem Februarsonntag abends loszogen. Es gab keinen

Anführer und keine Mitläufer. Sie trafen sich zufällig nach Einbruch der Dunkelheit, saßen eine Weile mit anderen auf einer Bank vor dem Jugendclub und unterhielten sich. Dann gingen sie zu dritt an der Schule vorbei, wo eine blaue Schneeschaufel stand. James sagte: «Laßt uns die Schaufel von der Brücke werfen» und nahm zusätzlich zwei Steine. Auch Deo und Jesse bewaffneten sich mit Steinen.

Wer hatte als erster die Idee? James sagte, Jesse habe öfter von einer «tradition» gesprochen – weil er und andere schon früher Steine auf die Fahrbahn geworfen hätten. Und wenn Jesse sagte: «Let's do the tradition», dann wußte man, was gemeint war. Es war eine Gewohnheit, fast ein Ritual.

Sie bewarfen auch mal an einer Autowaschanlage vorbeifahrende Wagen. Sie zielten auf parkende Autos. Da passierte nichts. Ein Spiel ohne Folgen.

Auf der Brücke hörte man es krachen, als offensichtlich ein Auto über die Schneeschaufel fuhr. Sehen konnten die Jugendlichen nichts, denn eine 2,45 Meter hohe Kunststoffbalustrade verwehrte die Sicht. Die Steine warfen sie hinüber, wenn sie Lichter sich nähern sahen. Gezielt haben sie nicht, aber treffen wollten sie schon.

Haben sie nicht an die Menschen gedacht, die hinter den Lichtern in den Autos saßen? Nein, sagten alle drei. Man wußte zwar, daß das Steinewerfen eine kriminelle Handlung war. Doch an die Gefahr, daß Menschen verletzt oder getötet werden könnten, dachten sie angeblich nicht. Eine Ausrede? Ein dümmlicher Versuch, sich um die grausamen Folgen herumzumogeln?

Dann gingen sie weg und holten noch einmal Steine. Wieder ließen sie die auf Lichter herabfallen. Es war wie in den Videospielen, die sie untereinander tauschten: Da haben virtuelle Wesen sieben Leben. Die kann man vernichten, abschießen, explodieren lassen.

Man zielt und trifft. Tod und Verletzungen gibt es da nicht, auch nicht Trauer und Mitgefühl. Mit diesen Spielen hantieren kleine Kinder so virtuos wie Erwachsene. Die Gewalt gilt dabei als geil. Und wer das geilste Spiel hat, der ist der Held. Es passiert ja nichts.

Beim zweiten Mal klettern James und Jesse auf das Geländer, und Deo reicht ihnen die Steine. Man hört Reifen quietschen, Glas klirrt. James steigt auf der anderen Seite der Balustrade hoch und sagt: Ein Auto ist in den Graben gefahren. Dann gehen sie nach Hause.

Erst am nächsten Tag wird ihnen bekannt, was passiert ist. Deo erzählt Jesse und James, daß offenbar zwei Menschen tot sind. Was? Jesse und James wollen es nicht glauben.

Wie soll denn das passiert sein? James muß nach der Schule zum Zahnarzt. Die anderen spielen Basketball und gehen zum Jugendzentrum. Um 19.30 Uhr nimmt die Polizei die drei in ihren elterlichen Wohnungen fest.

Was sie getan haben – es ist nachfühlbar, daß sie es nicht wollen. Es ist nachfühlbar, wenn ihre Eltern entsetzt und verstört sagen: Wir hatten nicht die geringste Ahnung von der «tradition».

Und ebenso nachfühlbar ist es, wenn die Großmutter der 20jährigen Sandra Ottmann, die mit ihrem neuen BMW ihre Großeltern nach Hause fahren wollte und von einem 8,4 Kilo schweren Stein zerschmettert wurde, die Jungen für gefühllose Monster hält. Wer will es ihr verdenken. Sie wurde nicht nur selbst schwer verletzt. Sie wird vor allem nie das Bild ihrer Enkelin loswerden – wie sie da lag, blutend, verstümmelt und verloren für immer.

Eine Mutter zweier minderjähriger Kinder, Karin Rothermel, 41, wurde auf der Gegenfahrbahn von einem 5,5 Kilo schweren Pflasterstein der Gesichtsschädel zertrümmert. Sie war nicht mehr zu retten. Ein weiterer Wackerstein durchschlug die Scheibe des Fiat Punto und blieb wie durch ein Wunder in der Mittelkonsole stecken. Fünf jungen Männern in diesem Auto passierte so gut wie nichts. Warum da? Und warum dort nicht? Warum war der eine einen Lidschlag schneller oder langsamer als der andere? Man darf nicht nachdenken.

Eine ganz und gar sinnlose Tat. Folgen, deren Tragik den einen in den Glauben treibt, den anderen daraus vertreibt: Wie kann ein Gott dies zulassen? Am vergangenen Montag – in Darmstadt wird nichtöffentlich verhandelt – kamen die Hinterbliebenen und die Geschädigten zu Wort. Ein schwerer Tag für alle Beteiligten.

Wie verlautet, hat der Marburger Kinder- und Jugendpsychiater Helmut Remschmidt festgestellt, daß alle drei Angeklagten als Jugendliche anzusehen, aber voll schuldfähig sind. Keiner von ihnen ist krank, keiner gestört, keiner vom Schicksal so beschwert, daß er nicht zur Verantwortung gezogen werden könnte. Natürlich hätten sie in ihrem Alter wissen müssen, daß ihr Spiel tödliche Folgen haben kann. Daß sie Menschen gefährden. Doch solche Gedanken waren ihnen offensichtlich fremd und ungewohnt. Sie spielten das gewohnte Spiel ohne Folgen: Lichter und Blechkisten bombardieren und dann heimgehen.

Der Darmstädter Vorsitzende Richter, Professor Bertram Schmitt, 42 – er hat an der Universität Würzburg einen Lehrauftrag für Strafrecht, Strafprozeßrecht und Kriminologie –, spricht die Bürschchen mit «Herr» an. Das klingt irritierend. Doch es signalisiert, daß sie nun endlich aufzuwachen haben aus ihrer virtuellen Spielwelt, daß sie verantwortlich sind. Zu Prozeßbeginn, als das Mediengetümmel auf sie eindrang, stellten sich ihre Anwälte – Ulrich Endres, Joachim Bremer, Bernd Kroner und Hans Georg Kaschel – noch schützend um sie. Dann begann die Wirklichkeit, und sie wird wohl bitter werden.

Für den Gießener Ordinarius für Psychiatrie, oft auch forensischer Sachverständiger, Professor Bernd Gallhofer, einen Mann voll Leidenschaft für sein Fach, ist das Verhalten von Jesse, James und Deo die Antwort von Kindern auf ein Heranwachsen im Plastikgefängnis. Haben sie je gelernt zu fühlen und Gefühle ins Miteinander einzubringen? Sie kennen nur den Kitzel der Gewalt. Mord und Totschlag, das tägliche Brot aus der Glotze, öden sie schon an. Wurde ihnen je ein warmes, liebend-kontrollierendes Umfeld zuteil? Großeltern, Verwandte, Freunde leben irgendwo auf der Welt, sie sind Unbekannte. Diese Kinder werden gehalten wie mit Kunstfutter vollgestopfte Hühner in Legebatterien.

Auf der Anklagebank, so Gallhofer, sitzen nicht nur drei Jungen. Da sitzt auch die moderne Welt mit ihrer Blind- und Taubheit für das Aufwachsen von Kindern. Das mindert nicht die Schuld von Jesse, James und Deo, mit der sie fortan zu leben haben. Das mindert auch nicht die Last, die ihre Eltern und Geschwister nun mit ihnen tragen müssen. Gallhofer: «Wenn die Gesellschaft erkennt, welchen Anteil sie an solchen Taten hat, wenn sie innehält und umkehrt, dann hätte das Sinnlose doch noch einen Sinn.»

Wie kommen diese Jugendlichen dazu, so gewissenlos zu handeln? Wie konnte ihnen der Realitätssinn so gründlich verlorengehen, daß sie die Folgen ihres Handelns noch nicht mal nach der Tat haben empfinden können?

Hier stellen sich keine Fragen nach der Ethik, sondern Fragen einmal nach den Motiven, aber auch nach einer Erziehungshaltung zu diesen Jugendlichen. Auch die Frage der Haltung der Jugendlichen zum Lebendigen oder zur virtuellen Welt ist entscheidend. Findet hier eine «Materialverwechslung» zwischen Leben und Bildschirm statt?

Die Lebensbedingungen vieler Kinder: eine mediale Welt

Diese Fragen beschäftigen heute alle, die verantwortlich mit Erziehung umgehen möchten. Wie blind und taub unsere Welt offensichtlich ist für die wirklichen Bedürfnisse der Kinder und Jugendlichen, zeigt eine Umfrage, die Kölner Wissenschaftler mit knapp 2000 Kindern und Jugendlichen zwischen 11 und 18 Jahren durchführten: Die Mehrzahl gestand, daß sie unter Ängsten, Depressionen oder Zwängen litten.

Ein Fünftel aller Kindergartenkinder zwischen 3 und 6 Jahren zeigen Verhaltensauffälligkeiten wie Aggressionen, Konzentrationsprobleme und Ängstlichkeit. Diese Situation hat sich in den vergangenen Jahren nach Aussage des Kinder- und Jugendpsychiaters der Essener Uniklinik, Christian Eggers, verschärft. Sein Berufsverband schätzt die Zahl der taumelnden Kinderseelen

auf inzwischen rund eine Million. Vor allem depressives und de-
struktives Verhalten nimmt zu, aber auch Drogenmißbrauch und
Eßstörungen nehmen dramatische Formen an. Seelisches Leid
maskiert sich bei Jungen und Mädchen unterschiedlich: Während
männliche Heranwachsende oft gewalttätig werden – von Fach-
leuten «acting out» genannt –, ziehen sich Mädchen in ihr Schnek-
kenhaus zurück. Viele hungern bis zum Umfallen, manche verlet-
zen sich selbst, schlitzen sich etwa Arme und Beine auf.

Eggers konstatiert: «Die Kinder erfahren Leere und Langeweile, dadurch sind sie seelisch verarmt» (Eggers in: Greenpeace
2000). Wer den Schmerz dieser Verarmung nicht aushält, bedroht
oftmals andere oder verweigert sich selbst. «Den Kindern fehlt», so
Eggers, «die gemüthafte Bindung in die Familie.» Wo früher vor-
gelesen, gespielt und gemeinsam gewandert wurde, regieren heute
Fernsehschocker und Computerspiele. Jugendforscher wie der
Bielefelder Klaus Hurrelmann beklagen, daß Kinder heute zuviel
Streß, zuwenig Schlaf, zuwenig Bewegung und zuwenig gemüthafte Anbindung in Familienstrukturen haben. Laut Hurrelmann
greift ein Drittel der Grundschüler – angeregt und unterstützt
durch ihre Eltern – regelmäßig zu Schmerz-, Aufputsch- oder
Beruhigungsmitteln (vgl. Hurrelmann in: Greenpeace 2000).

Daß dies kein rein deutsches Problem ist, ist uns in den
letzten Jahren durchaus bewußt geworden. So ist jüngst in Ame-
rika eine Studie veröffentlicht worden, wonach sich die Zahl der
Zwei- bis Vierjährigen, die Psychopharmaka schlucken, zwischen
1991 und 1995 verdreifacht habe. An der Spitze der Verschreibun-
gen steht dabei das Aufputschmittel und Antidepressivum Ritalin,

das Kindern hilft, die an Konzentrationsschwäche und Hyperaktivität leiden. Amerikanische Spezialisten rechnen damit, daß inzwischen jedes dritte bis siebte Kind unter sieben Jahren entsprechende Symptome aufweist. Das würde bedeuten, daß allein in den USA sechs bis neun Millionen kleine Zappelphilippe leben, die des Medikamentes Ritalin bedürfen (vgl. Greenpeace 2000).

Ebenso eindrucksvoll schildert der Artikel «Kult ums Kind» («Spiegel» 33/2000) die Reizüberflutung, die innere Verwahrlosung, die verzweifelte Suche nach Auswegen aus der Verwöhnungsfalle. Kaum etwas bereitet Eltern mehr Kopfzerbrechen als die Frage, ob sie ihre Kinder verwöhnen und wie sie aus dieser Verwöhnungsfalle herauskommen. Niemand weiß ganz genau, wann aus Zuwendung Verhätschelung wird. Grenzen setzen, Rücksicht und Bescheidenheit vermitteln, in den ruhigen Minuten zur Besinnung kommen. Nichts scheint den Eltern selbstverständlicher, doch die Wirklichkeit sieht anders aus. Fernsehen, Computerspiele, Spielzeugindustrie machen Jagd auf die Kleinen, kaum daß sie ihren ersten Schrei getan haben. Was tun, wenn die Teletubbies die Kleinsten vor den Schirm locken? Was sollen sie dem Konsumdruck und Markenterror entgegensetzen?

Jedes fünfte Kind und Jugendlicher sagt: Ich kaufe nur noch wie im Rausch. Stolze 5,2 Mrd. DM haben die Sechs- bis Vierzehnjährigen nach einer Untersuchung des Münchner Institutes für Jugendforschung in diesem Jahr in der Tasche, Ersparnisse nicht mitgerechnet. 1997 sind es erst 3,9 Mrd. DM gewesen. Das ist ein Wirtschaftsfaktor in einer Größenordnung, auf den heute niemand verzichten will. Dabei, so der «Spiegel», sind Jugendliche mit technischen Geräten bereits gut versorgt. Von den 3,7 Millionen Teenagern im Alter von vierzehn bis siebzehn besitzen 62 Prozent einen Fernseher, mehr als die Hälfte hat eine HiFi-Anlage, mehr als ein Drittel einen Videorecorder, jeder fünfte der Altersgruppe von zehn bis dreizehn sitzt am eigenen PC. Damit entstehen erziehungsfreie und beziehungslose Räume mit all ihren Gefährdungen.

Unsere Zeit ist in einem noch nie dagewesenen Maße von der Technik und ihren Gesetzen geprägt. Ob es Fernsehen, Radio, CD-Player oder Computer ist, diese Kommunikationstechnik bestimmt den Alltag von Millionen von Menschen, und es hat sich hier eine grundsätzliche Kritik aufgetan mit der Frage: Wie gut, wie sinnvoll, wie nutzbringend ist die Nutzung der Medien in der heutigen Zeit? Sind elektronische Medien radikal aus der Kindheit und Jugend zu eliminieren, oder muß der sinn- und maßvolle Umgang mit ihnen gerade schon in der Kindheit und Jugend erlernt werden?

Medienkritik wird aber auch häufig von grundsätzlich innovationsfeindlich eingestellten Menschen geübt, die ihre Angst vor Neuem hinter vehementer Kritik verbergen. Man kann nicht ausschließen, daß solche Ängste auch ihre Berechtigung haben können. Denn so wurde ja auch befürchtet, vor einigen Jahrzehnten, daß die massenhafte Verbreitung der Printmedien eine deutliche Schwächung der Gedächtniskräfte nach sich ziehe. Inzwischen gilt diese Befürchtung als erwiesen. Ebenso haben wir uns mit der Flut an Informationen eine solche Abstumpfung des verantwortlichen Mitgefühls eingehandelt, daß inzwischen Präventionsprogramme erstellt werden müssen, um überhaupt Aggression und Gewalt einzudämmen.

Soviel ist sicher: Neue technologische Errungenschaften bringen nicht nur Fortschritt und Gewinn, sondern auch Nachteil und Verlust oder zumindest solche Begleiterscheinungen, die wahrgenommen werden wollen.

Von allen Innovationen im digitalen Kommunikationsbereich ist kein Medium so bestimmend für den Alltag der gesamten Menschheit geworden wie das Fernsehen. Seit 1950 verbreitet es sich weltweit und ist auch im Jahre 2000 immer noch das beliebteste Freizeitmedium, allen neuen Errungenschaften zum Trotz. Durch nichts scheint es so leicht zu sein wie gerade durch dieses Medium, ein weltumspannendes Bewußtsein von allem, was draußen geschieht, zu erlangen; andererseits ist es eine banale Feststellung, daß dieses Medium vorwiegend der Unterhaltung und Freizeitgestaltung und viel weniger der Informationsvermittlung dient.

Besorgniserregend jedoch ist der Schritt, das sogenannte Bildungsfernsehen in die Kinderzimmer zu bringen, wie zum Beispiel die Teletubbies, die sich wie kaum eine andere Kindersendung ungeheuer schnell durchgesetzt haben und von positiver Kritik begleitet werden.

Was die Medien bewirken

Was geschieht mit dem kleinen Kind beim Fernsehen, gleichgültig welchen Inhalt die Sendung hat? Stellen wir uns ein Kind vor: Voller Bewegung von draußen hereingekommen, sieht es sich im Kinderkanal die Teletubbies an. Die Körperhaltung entspannt sich, der Tonus der Kiefermuskulatur erschlafft, der Mund öffnet sich etwas, die Zunge ruht auf der unteren Zahnreihe, der Blick wird starr, glasig, leer, glotzig. Geräusche und Vorgänge der unmittelbaren Umgebung werden kaum oder gar nicht mehr wahrgenommen, selbst Personen, etwa die Mutter, werden nicht mehr bemerkt oder beachtet. Das Kind scheint vollkommen in die Wahrnehmungswelt eingebunden, die das Gerät produziert. Das äußere Verhalten läßt in keiner Weise darauf schließen, daß das Kind angeregt oder innerlich aktiv ist, denn aktive Vorgänge sind in der Regel nicht mit Muskelerschlaffung oder Blickstarrheit verbunden. Im Gegenteil, das Kind ist passiv empfangend, es ist ein Verhaltensrückfall in die Zeit vor dem Beginn des aktiven Spielverhaltens.

Wie verschieden kleine Kinder auch sonst sein mögen, das Bild, das sie vor einem Fernsehgerät oder auch vor einem Computerbildschirm darbieten, ist einheitlich. Es ist eine naheliegende Schlußfolgerung, daß dem Vorgang der Individualisierung hier entgegengewirkt wird.

Es ist bekannt, daß Sehen nicht ein passiver Vorgang ist, sondern im Grunde ein sehr aktiver Vorgang. Die Lichtpunktstimulation, vom Fernsehbild ausgehend, wirkt der Augenaktivität so entgegen, daß sie schon nach kurzer Zeit erlahmt. Eine Passivierung auf das künstliche, fortwährend unvollständige Bild ist die Folge. Die Augen, daran gewöhnt, in Saccadensprüngen ständig Fixationspunkte zu suchen, scheitern, sie geben ihre Eigenaktivität auf. Das führt zu der bekannten «Glotzstellung», die auch zu einem Stillstand der Akkommodationsbewegung führt.

Deswegen wurden in den siebziger Jahren überall die Fernsehapparate in den Augenkliniken Deutschlands installiert, als Therapeutikum: Die Ruhigstellung des Auges nach Schieloperationen gelang durch den Fernsehapparat schneller und nachhaltiger als durch das tagelange Verbinden beider Augen.

Mary Winn hat ein interessantes Symptom beschrieben, das sogenannte «Reentry Syndrom», das Wiedereintrittssyndrom in die normale Welt (Winn 1990). Charakteristisch für dieses Syndrom sind Unzufriedenheit, Gereiztheit, Quengeligkeit. Das Kind wirkt müde, überreizt, trinkt oder ißt zuviel und unkontrolliert und springt einfach ziellos in der Gegend herum.

So sagt dann auch eine genervte Mutter: «Wenn mein Sohn den Morgen über ferngesehen hat, kann man ihn nicht ertragen, er wirkt nervös, grob, unaufmerksam und weiß einfach nicht, was er tun soll. Ganz allmählich erst im Lauf des Tages wird er wieder normal.»

Alles, was beim Kind sonst innerlich hervorgebracht werden muß, Vorstellungen, Empfindungen und Taten, wird als technische Illusion erzeugt. Es kann nicht verwundern, daß dieses ein hohes Maß an Faszination ausübt, besonders eben auf das Kind, das – im Gegensatz zum Erwachsenen – keinen Erfahrungshintergrund hat, durch den es das Erlebte beurteilen, verstehen und sich eventuell auch davon absetzen kann. Dadurch ist die Wirkung wesentlich tiefgreifender, direkter und schwerwiegender. Und so hängen vielleicht auch Lustlosigkeit, Langeweile, Phantasiearmut, Denkhemmung und Gefühlsarmut, die Kindergärtnerinnen und Volksschullehrer in immer stärkerem Maße beobachten, mit dem Fernseh- und Computerkonsum zusammen. Auf diesem Hintergrund ist nicht verwunderlich, wenn ein Gerichtspsychiater feststellt, daß Jugendliche heute anderen Menschen gegenüber eine Haltung zeigen, wie sie allenfalls Gegenständen gegenüber angemessen und entschuldbar ist. Er beschreibt sie ohne jedes Schuldgefühl, ohne jeden Respekt für das Leben. Für sie sind Menschen Objekte. Viele, die mit dem Fernsehen aufgewachsen sind, betrachten es als Lebensselbstverständlichkeit, daß sie einen anderen Zustand als den der äußeren Anregung gar nicht mehr kennen. Manche allerdings, die die Leerheit im Innern noch erleben, leiden darunter und versuchen nun mit Stimulanzien verschiedenster Art diese Leerheit wegzudrücken.

Kein geringerer als Josef Weizenbaum, der bis zur Emeritierung 1988 am Massachusetts Institut of Technology Computerscience gearbeitet hat, Pionier der Computertechnik war und nun zu einem ihrer schärfsten Kritiker geworden ist, sagt zur Wirkung von Computern auf Kinder: «Der Geist gesunder Kinder ist voll von herrlicher kreativer Phantasie, die muß gefördert werden. Das noch unreife Kind dazu zu erziehen, bedingungslos abstrakten Regeln zu gehorchen, deren Autorität nur darin begründet ist, daß sie zumeist unverständlich in Handbüchern niedergeschrieben sind, bedeutet, diese Vorstellungskraft zu zerstören und die Kreativität in einen Käfig zu sperren. Ein so gedrilltes Kind wird nur zu einem Übersetzer der Gedanken anderer Leute heranwachsen, aber selbst nichts zu sagen haben» (Weizenbaum in: Zeitpunkte 2000). Und so warnt er in vielen medienkritischen Beiträgen vor Erfahrungsverlust, Gleichschaltung des Denkens und sozialen Defiziten.

Im 19. Jahrhundert wuchsen die Kinder noch in Lebensverhältnissen auf, die ihnen wirklichkeitsgesättigte, elementare Erlebnisse ermöglichten.

Es gibt ein Buch über die Frage «Warum Huckleberry Finn nicht süchtig wurde» von Eckhard Schiffer (1999). Diese Frage ist wirklich berechtigt, denn Huckleberry Finn hatte die sichersten Bedingungen, um süchtig zu werden, das heißt in die größte Beziehungslosigkeit zu sich selbst zu treten. Er hatte einen Alkoholiker als Vater, von der Mutter wird gar nicht erst gesprochen, er besuchte niemals regelmäßig eine Schule, und es gab niemanden, der sich ernsthaft um ihn gekümmert hätte. Was aber hatte er? Eine lebendige Natur, in der er sich phantasievoll und ungestört betätigen und austoben konnte, die seine Lebenssinne aktivierte und ihm grundlegende Erderfahrung zum Lebendigen ermöglichte. Zudem hatte er einen Freund, mit dem er durch dick und dünn gehen konnte.

Wir müssen uns besinnen, was die Welt für das Kind eigentlich bewohnbar macht

Die Lebensbedingungen unserer Kinder haben sich gewaltig geändert. So viele Kinder wachsen in einer Umgebung auf, die von Menschen geschaffen, tot, nur noch virtuell und nicht selten gefährlich ist; eine Umgebung, in der sie ein geordnetes, festgelegtes, diszipliniertes Verhalten trainieren müssen, um zu überleben. Als Folge dieser Verhältnisse bricht für unsere Kinder zunehmend eine selbstverständliche Beziehung zu sich und zur Umwelt ab, sie erfahren Entfremdungen im wesentlichen in vier Grundbereichen, die ihnen eine primäre Lebenssicherheit vermitteln könnten.

Beziehung zum eigenen Leib

Wir haben immer häufiger Kinder vor uns, von denen man den Eindruck haben kann, als ob sie sich wie in einem unbequemen Kleid befinden. Das Kind erlebt sich im Körper eingezwängt und eingeengt. Es fühlt sich unwohl, weil es nicht ausgeschlafen ist, sich nicht genügend bewegt, ungesund ernährt ist, zu viel ferngesehen hat oder zu viele Computerspiele gespielt hat und in dieser Zeit keine Wirklichkeitserfahrung machen konnte.

Wir Erwachsenen erwarten von diesen Kindern, daß sie sich lieb und brav benehmen, disziplinieren es, statt wahrzunehmen, daß es sich so in seinem Leib nicht wohl fühlen kann.

So nehmen wir zum Beispiel wahr, daß viele Kinder kalte Hände und Füße haben, daß sie blaß und unausgeschlafen ihren Tag beginnen. Wenn der Leib durch fehlende physische und soziale «Hüllen» auskühlt und unsensibel wird, kann er nicht als Instrument des seelischen Ausdrucks genügend ergriffen werden. Die Folgen sind unruhige, nervöse und aggressive Kinder, die sich ihrer «Haut» wehren müssen.

In diesem Zusammenhang muß die Frage gestellt werden, wie weit wir in den Kinderzimmern die elektronischen Medien wie Fernsehen und Computer zulassen, die eine künstliche Welt voller Illusionen erzeugen und den Zuschauer zu vollständiger Passivität verdammen. Wer kleinen Kindern in den ersten Jahren die elektronische «Großmutter» (Fernseh- oder Computergerät) einschaltet, der schaltet dem Kind die Wirklichkeitserfahrung der Welt aus.

Das Kind ist jedoch von Natur aus auf Eigenbewegung angelegt. Bewegungsstau wirkt lähmend und entfremdet es den natürlichen Bedürfnissen.

Was geschieht,

wenn Kinder mehr im Auto fahren, als sich selbst zu bewegen;

wenn ihnen die Anstrengungen des Sichaufrichtens und des Gehens durch ein «Gehfrei» abgenommen werden;

wenn sie nicht mit allen Sinnen «echte» Welt erfahren dürfen, sondern eine Scheinwelt durch den Fernsehschirm, Computer, Gameboy-Display vermittelt bekommen;

wenn sie nicht mehr in Berührung kommen mit den natürlichen Elementen Erde, Wasser, Luft und Feuer, weil es dafür keinen Erlebnis- und Erfahrungsraum mehr gibt;
wenn durch Präventivimpfungen keine Kinderkrankheiten
mehr «durchgeschwitzt» werden, so daß sie aus jeder durch-
gemachten Erkrankung gestärkt und gesünder hervorgehen …

… dann rauben wir den Kindern das Vertrauen in ihren eigenen
physischen Leib und den sie umgebenden Raum. Kinder ohne
Beziehung zum eigenen Leib und zum Wirklichkeitsraum ihrer
Umgebung erleben Heimatlosigkeit und Kränkung des Weltvertrauens. Kinder ohne Beziehung zum eigenen Leib und zum
lebendigen Wirklichkeitsraum ihrer Umgebung erleben Heimatlosigkeit und Kränkung des Weltvertrauens.

Wer in der Lage ist, diese Zusammenhänge in ihrer Dra-
matik zu erkennen und diese Fakten nicht als einseitige Schwär-
merei abtut, dessen Haltung im Umgang mit Lebendigem und
Virtuellem wird sich verändern. Das Leid an diesen Lebensbedingungen unserer Kinder und deren Folgen kann nicht durch ethische Leitsätze ersetzt werden.

Beheimaten in Lebensrhythmen

Eine weitere Kränkung und Entfremdung ist das Vergessen der
Lebensrhythmen. Wie bedeutsam zum Beispiel ein Tagesrhythmus

für die kindliche Entwicklung ist, entschwindet immer mehr dem Bewußtsein der erziehenden Menschen. In vielen Familien gibt es nicht einmal mehr eine tägliche gemeinsame Mahlzeit. Die Fastfood-Ernährung, das schnelle Tiefkühl- und Mikrowellenmenü ist auf dem Vormarsch. Die gemeinsame Mahlzeit, zum Beispiel mit einem Spruch vor dem Essen, mit dem Warten, bis alle sich aufgetan haben und dann das gemeinsame Essen beginnt, wird in ihrer Bedeutung unterschätzt und gilt als unmodern.

Die Qualitäten des Morgens und des Abends zu erleben, sich Zeit zu lassen, um den Tag gemeinsam mit den Kindern zu beginnen und ausklingen zu lassen, wird in unserem hektischen Alltagsleben kaum noch gepflegt; die Terminflut ebnet die Tageszeiten ein. Wenn der Lebensalltag für das Kind rhythmisch gestaltet wird, indem beispielsweise jeder Morgen nach dem gleichen Ritual abläuft, der Nachmittag zu Hause ebenfalls rhythmisch verläuft und nicht der Terminkalender das Kind rhythmisch bestimmt, lernt das Kind innerhalb dieser Lebensrhythmen leiblich und seelisch atmen.

Kinder ohne Beziehung zu Zeit und Rhythmus erleben eine tiefe Kränkung des Lebensvertrauens und innerste Ungeborgenheit in Prozessen und Entwicklung. Wer nicht fühlt, was die Beheimatung in der Zeit bedeutet, der wird ein moralisches Diktat der rhythmischen Gestaltung in Tage, Wochen und Monate auch nur so erfüllen können, daß die Kinder nur die Absicht merken und verstimmt sind.

Werte erleben in Beziehungen

Eine weitere Entfremdung erfährt das Kind in der Beziehung zu
den seelischen Kräften der es umgebenden Menschen. Die kon-
flikterzeugenden und -lösenden Freundschaften werden auf ein
Minimum reduziert durch zeitfressenden Medienkonsum. Es tritt
eine seelische Erkältung ein, weil die Kinder nicht selbst die Welt
erobern, sondern die Welt ihnen erobert wird, weil sie nur passive
Zuschauer von Abläufen sind, die sie eigentlich in der Wirklichkeit selber erfahren wollen. Die Folgen dieses «Kälteprozesses» treten spätestens im Jugendalter auf, wenn bis dahin keine tragenden
seelischen Beziehungen erlebt wurden. Wie gefährdet Jugendliche
sein können, wenn sie diese Eigenerfahrung in gelebten Freundschaften nicht gemacht haben, ergibt eine Umfrage in den Ver-
einigten Staaten unter den Selbstmordkandidaten unter 18 Jahren,
die den Selbstmordversuch abgebrochen haben – eine halbe Million jährlich! Sie sind gefragt worden, was sie denn zum Abbruch
geführt habe. Sie antworteten in den meisten Fällen: die Erinnerung an Menschen, zu denen sie eine tiefe Beziehung empfinden.
Fehlt eine solche menschliche Beziehung, sind häufig Unverbind-
lichkeit, Relativismus, Beliebigkeit bis hin zum Lebensüberdruß
die Folge. Fehlen lebendige zwischenmenschliche Begegnungen,
bleibt seelische Entwicklung stehen.

Zu sich selbst finden

Die vierte Entwurzelung folgt aus den drei zuvor skizzierten: Wenn das Vertrauen in den Lebensraum, in die Lebensrhythmen, in die seelischen Beziehungen zu den Mitmenschen gestört wird, ist eine Beziehung zu sich selbst kaum noch möglich.

Wo dieser Kontakt zu sich selbst nicht mehr vorhanden ist, wird der Mensch manipulierbar und verfügbar für Machtzugriffe von außen. Kinder und Jugendliche erleben dieses Abgeschnittensein von Idealen und von sinnstiftenden Begegnungen mit anderen Menschen besonders dadurch, daß ihnen kaum noch geistige Orientierung vorgelebt wird, denn wenn die Beziehung zu sich selbst abgebrochen ist, dringt der Mensch auch nicht zu Sinn- und Erkenntnisfragen durch.

Zusammenfassend läßt sich feststellen, daß die beschriebenen Beziehungsverluste den kindlichen Daseinskräften entgegengesetzt sind, denn: Ein Kind verfügt über vertrauensvolle *Hingabe an die Welt.* Es kann sich in all seiner Hilfsbedürftigkeit vorbehaltlos seiner Umwelt anvertrauen. Aus diesen Hingabekräften heraus kann das Kind auch in einem Maße verzeihen, das uns beschämt dastehen läßt. Nie wieder können wir uns so bedingungslos, so *Raum und Zeit vergessend* hingeben an eine Tätigkeit wie das spielende Kind. Kinder sind von Natur aus, wenn man sie in ihrer natürlichen Entwicklung nicht stört, *wahrhaftig,* denn sie sind noch ganz und gar eins mit sich und der Welt. Wenn diese «Beziehungshüllen» schon im frühen Kindesalter zerstört werden, hat das Konsequenzen für das spätere Leben.

Wir haben heute oft Kinder, die ein sogenanntes abweichendes Verhalten zeigen und als gestörte Kinder dann in den Sprechstunden von Kindertherapeuten und Jugendpsychiatern vorzufinden sind. Nicht selten setzt jetzt ein Teufelskreis ein, der mit Schuldzuweisungen arbeitet und Erziehungsversagen bei Eltern oder Lehrern anklagt und es zur Ursache für das Fehlverhalten des Kindes macht. Nicht selten setzt dann ein wirklich krankmachender Prozeß ein, wenn das Kind dafür auch noch die Schuld tragen muß: Du bist schuld, daß wir Ärger mit dir haben! So wie du bist, bist du nicht in Ordnung!

Und dabei vergessen wir die Lebens- und Aufwachsbedingungen unserer Kinder, für die wir in unserer Gesellschaft verantwortlich sind. Denn die Probleme unserer Kinder sind immer auch tragischer Spiegel einer Welt, die wir gemacht haben und die wir um ihrer willen verändern müssen.

Lernen wir aus dem Blick in den Spiegel?

Oft halten uns junge Menschen diesen Spiegel vor, zum Beispiel so, wie es eine Jugendliche im Alter von 16 Jahren in ihrer Rede anläßlich des Neujahrsempfangs am 8. Januar 1995 in der Heidelberger Stadthalle ausgedrückt hat:

> Vieles, was Ihr für uns tut oder was Ihr im Namen Eurer hehren ethischen Verantwortung für die Jugendlichen tut, das wollen wir oft gar nicht, geht an uns vorbei. Vieles, was wir für sehr wichtig halten, scheint Euch nicht zu interessieren.

Ich frage mich manchmal, ob Ihr Erwachsene uns eigentlich wirklich kennt, ob Ihr wißt, was uns wichtig ist. Ich stelle mir manchmal vor, daß Ihr, wenn Ihr uns verstehen wollt, an Eure Kindheit denkt, um so nachzuempfinden, was uns bewegt. Das halte ich für ein nicht ausreichendes Verfahren. Zu vieles ist bei uns anders. Ich glaube, wir sind auf unsere Art viel nervöser, reizbarer, vielleicht sogar aggressiver, als Ihr es wart. Wir haben heute ganz andere Belastungen auszuhalten. Fragen der eigenen Berufsausbildung, der tägliche Konkurrenzkampf, die Verwirrung durch vielschichtige Wirklichkeiten: diese nüchterne, oft kalte, ungemein motorische Welt und jene Realität im Fernsehen, die – mal so, mal so – uns einlullen oder verrückt machen will. Und da soll man dann zurechtkommen. Natürlich gehen manche den Träumen von «Liebling Kreuzberg» oder Herrn «Dr. Brinkmann» auf den Leim. Natürlich träumen viele von einem Leben auf dem Golfplatz, vom Jetset-Glamour. Die Medien hämmern uns die Illusionen ja geradezu ein. Aber die meisten wissen, daß das Hokuspokus ist und daß man hart arbeiten muß. Viele von uns sind auch sehr ehrgeizig, klemmen sich dahinter.

Das Wort aber, auf das ich hier kommen will – es ist das Wort unserer Generation –, ist *Streß*.

Streß ist nicht Abenteuer, ist nicht Spannung oder «daß etwas los ist», was Ihr vielleicht früher gesucht und gefunden habt. Streß ist Druck, dem viele von uns nicht gewachsen sind. Streß macht auch krank. Immer wieder hören wir, wie gut wir es doch haben, daß es uns viel besser gehe als Euch in Eurer Nachkriegszeit. Aber war für Euch die Orientierung nicht viel leichter? Wußtet Ihr nicht ganz selbstverständlich, wo Ihr anpacken mußtet, was zu tun war? Was wußtet Ihr in unserem Alter von Reizüberflutung, von Medien, von Computern, von der rasanten Beschleunigung, die in alle Bereiche unseres Lebens hineinreicht, von der Not, im täglichen Lärm den eigenen Ton zu hören, im täglichen Feuer den eigenen Funken zu finden? Nur wenige von uns wissen für sich, wohin die Reise gehen soll. Und der große Rest ist nicht immer so cool, daß der Streß an ihm/ihr einfach abläuft. Die psychischen Belastungen sind ins Unerträgliche gestiegen.

Alle sollen wir Abitur machen. Alle sollen wir drei Sprachen sprechen. Alle sollen wir nur die besten Noten beibringen, mindestens
ein Instrument spielen, im Sport auch tüchtig mitmischen – was aber
ist mit uns, unserer Zeit, ja selbst die Freizeit ist voller Fremdbestimmung!
Und dann die Vorwürfe, wir seien politisch uninteressiert, passiv,
langweilig, alle auf dem großen Ego-Trip. Wißt Ihr eigentlich, wie
engagiert wir sind? Daß wir uns für Bosnien, Rußland, für Ausländer engagieren? Wißt ihr das? Kennt Ihr uns denn? Gut, uns fehlt das
Aufmüpfige der Pariser Jugendlichen. Noch schreiben wir nicht auf
unser Banner:
«*Les Jeunes veulent plus*» – Die Jugendlichen wollen mehr!
Wie steht es denn mit unseren Chancen, unser Leben selbst einüben
zu können, mit der Verantwortung, der Solidarität? Was ist mit der
Praxis dessen, was wir täglich büffeln?
Uns fehlt Erfahrung, Begegnung mit der wirklichen Wirklichkeit!
Das, was wir lernen, will auch angewendet sein. Irgendwann sollen
aus uns verantwortungsbewußte, praktisch denkende, zum Dialog
fähige Ärztinnen, Ingenieurinnen, Technikerinnen, Sekretärinnen
und was sonst noch werden. – Wir sind die Bürgerinnen und Bürger
von morgen, und wir wissen vielleicht besser als manche Generation
vor uns, was abgeht.
Meistens verkommt das Gespräch zur Predigt. Ich nehme an, daß Ihr
Euch das anders vornehmt, daß Euch aber die Hektik keine andere
Chance läßt, als uns – am Ende – doch nur wieder zu sagen, wo's
langgeht. Und wenn wir uns widersetzen, dann redet Ihr, wir seien
stur, verstockt und widerspenstig. Widerspenstige, von vornherein
nicht dialogfähig, was kann man mit denen schon machen, wenn
nicht zähmen?
Wenn mir heute nichts gelingt, als Euch davon zu überzeugen, daß
Ihr keine Chance haben werdet, wenn Ihr uns abrichten wollt, dann,
denke ich, hat sich diese Redezeit gelohnt.
Mein Vorschlag zu mehr Miteinander trägt ein weiteres Anliegen in
sich. Vielleicht hat es ja in der Tat etwas mit dem Alter zu tun, aber
mir läge sehr daran, wenn wir an die Fragen, die uns täglich heraus-
fordern, mit mehr Zuversicht herangehen.

Mehr Optimismus. Allerdings nicht auf Kosten der Ernsthaftigkeit. Keinen billigen Optimismus, sondern eine Zuversicht, die sich aus einer großen Solidarität aller Menschen allen Alters entwickelt. Wir haben doch auch gute Beispiele, die uns anfeuern sollten. Ich jedenfalls finde es toll, daß es das Frauentaxi gibt, daß der Polizeisportverein die Initiative «Bleib clean» gegen Drogenmißbrauch ins Leben gerufen hat. Ich finde es gut, daß es die Musik- und Singschule gibt, das Haus der Jugend, eine Freizeiteinrichtung der städtischen Kinderförderung, das Deutsch-Amerikanische Institut.

Man könnte sicherlich noch vieles andere mehr nennen. Von den Vereinen und ihrer Jugendarbeit müßte ich reden, von den Kirchen, von privatem und städtischem guten Willen, das Beste für die Jugend zu tun. Auch wenn die Jugendlichen nicht immer gebührend darauf reagieren, so geschehen diese Dinge doch nicht unbemerkt.

Am wichtigsten aber, das möchte ich schon dick unterstreichen, ist uns Zeit! Zeit, die Ihr uns laßt, und Zeit, die Ihr Euch für uns nehmt. Zeit, in der Ihr ausschließlich und ruhig für uns da seid. Wir wollen und können nicht funktionieren, wie es Euch am besten in den Kram paßt! Wir brauchen Zeit! Wir brauchen Zeit – für uns und füreinander!

Und wenn ich die richtig verstanden habe, die noch jünger sind als ich, dann habe ich auch da den Wunsch herausgehört, daß viele es schön fänden, wenn auch die Großeltern mit dabei wären. Die – das wurde mir klar – fehlen überhaupt in unserem Leben ein wenig. Die sind oft cooler und verstehen uns oft besser oder haben eben oft mehr Zeit!

Die Richtung ist angedeutet …

… durch das, was uns junge Menschen sagen können, und das, was wir Kindern schuldig sind, um sie vor den Kränkungen und Entfremdungen unseres Lebens zu schützen. Wenn es um unsere Kinder und Jugendlichen geht, so brauchen sie Erwachsene, die sie darin unterstützen, sich selbst in einer gestalteten und gestaltungsoffenen Welt zu erleben. Denn das ist der Raum, in dem junge Menschen ihre Erfahrungen machen wollen, das Abenteuer suchen, in dem sie selbst Abenteurer und Helden sein dürfen, in einer Welt, die sie nicht aus dem Leben und der Verbindung zu sich selbst hinauswirft. Das bedarf zunehmend einer Korrektur unserer Haltung zu unseren Kindern und Jugendlichen, die nur aus der Besinnung zu elementaren Werten wie Freude an Entwicklung, Leben und Verwandlung entspringen kann.

Literatur

Greenpeace Magazin 6/00.

Schiffer, E. (1999): Warum Huckleberry Finn nicht süchtig wurde: Anstiftung gegen Sucht und Selbstzerstörung bei Kindern und Jugendlichen. Weinheim: Beltz.

Winn, M. (1990): Die Droge im Wohnzimmer. Reinbek: Rowohlt.

Zeitpunkte (2000): Mit dem Computer lernen. Heft 1.

Karfreitag, 1937

Rüdiger Grimm

Rüdiger Grimm berichtet aus seiner langjährigen Praxis als Heilpädagoge sowie Weltreisender in seiner Aufgabe als Sekretär der Internationalen Konferenz für Heilpädagogik und Sozialtherapie in der Medizinischen Sektion am Goetheanum.

«Wer sagt, er opfere sich für andere, der lügt. Der eine spielt gerne Karten, der nächste liebt Frauen, ein anderer geht ständig zum Pferderennen. Ich mag Kinder. Für mich bedeuten sie kein Opfer. Ich tue es nicht für sie, sondern für mich. Ich brauche das. Dem Gerede von Aufopferung sollte man keinen Glauben schenken. Das ist nichts als Lüge und Heuchelei.»

Janusz Korczak[1]

ERSTAUNEN, MITGEFÜHL UND GEWISSEN
Chancen und Gefährdungen der Alltagsethik in den helfenden Berufen

Die ethische Dimension der Berufswahl

In jeder Berufswahl verbinden sich zwei Motive, die eine gelingende Berufsbiographie versprechen: der Wunsch, zu helfen, Brauchbares zu leisten, und die Entwicklung von Begabungen und Fähigkeiten, die der Entfaltung der eigenen Persönlichkeit dienen.

Wer sich für einen helfenden Beruf[2] entscheidet, findet seine Motive in dem, was hilfebedürftige Menschen brauchen. Dem begeisterten sozialen Aufbruch der siebziger und achtziger Jahre des letzten Jahrhunderts, der viele junge Menschen in soziale Berufe drängen ließ, hat eine mehr nüchterne Sichtweise Platz gemacht: man verdient wenig, wird nicht geachtet und ist gezwungen, sich selbst auszubeuten. Das hat dazu geführt, soziale Arbeit kritischer, aber auch professioneller zu betrachten, Angebot und Leistung «kaufmännisch» zu untersuchen, weniger nach Motiven als nach erfüllbaren Dienstleistungen zu fragen, welche die Gefahr des Ausbrennens vermeiden sollen.

Die Frage der individuellen Berufsmotivation wird so zwar oft verschleiert, bleibt aber immer höchst bedeutsam: die zwischenmenschliche Geste des Helfens – die auf das Gelingen des Lebens anderer zielt – wie auch das Gelingen des eigenen Lebens hängen daran.

Die Arbeit in helfenden Berufen ist mit Grenzerfahrungen verbunden: denn jede pädagogische, heilpädagogische oder pflegende Tätigkeit orientiert sich nicht primär an ihren äußeren Verrichtungen und Tätigkeiten, sondern daran, wie diese auf das Leibliche und Seelische des anderen Menschen wirken. Das Gelingen jedweder Maßnahmen hängt davon ab, wie sie von diesem aufgenommen und erlebt werden, und vor allem, welche Bedeutung sie für ihn gewinnen, um für seinen Gesundungs- oder Entwicklungsprozeß tragfähig zu werden. Die helfende Person trägt – im positiven Sinn – die Last dieser Beziehungsgestaltung. In ihr treten eben jene Grenzerfahrungen zutage. Sie treten auf in der eigenen Person: das Seelische des andern muß ausgehalten und getragen werden können, Geduld, Einfallsreichtum und die eigenen Kräfte sind nicht unerschöpflich. Sie treten auf in der Beziehung zum Klienten, an der Frage, ob seine Persönlichkeit durch den Helfer lebendig erlebt wird und seine Handlungen mit einer wirklichen Begegnung verbunden sind oder nicht.

Die Fähigkeit, diesen Herausforderungen gerecht zu werden, hat ihren Ursprung in der Ausbildung und Entwicklung professionellen Handelns; dieses ist allerdings verbunden mit der Entwicklung einer individuellen beruflichen Haltung. Deren Bedeutung wird gerade in solchen Grenzerfahrungen ansichtig, und der Helfer ist in ihnen gefährdet. Der Verlust einer lebendigen Beziehung zu seinem Klienten, die subtil dort anfängt, wo zum Beispiel Routinen starr zu werden beginnen und die Persönlichkeit mehr und mehr übersehen wird oder im Extremfall nur noch zum lästigen Störenfried oder gar Objekt seiner Tätigkeit wird[3], führt immer auch zu einem Verlust der Beziehung zu sich selbst. Die Chance dieser Situation – in welcher der Helfer letztlich ganz für sich steht – liegt darin, die eigene Berufshaltung immer wieder zu prüfen, sie nicht als etwas Abgeschlossenes zu betrachten, sondern für ihre beständige Weiterentwicklung zu sorgen. Niemand kann den Helfer dazu zwingen, denn es gibt ja genügend Möglichkeiten, sich hinter den eigenen Taten und Worten vor sich und den anderen zu verbergen. Berufliche Moralität ist damit kein Werte- und Handlungskanon, dem man sich nur zu unterwerfen brauchte, um sie «zu haben». Vielmehr ist es eine Freiheitserfahrung, die zur Entwicklung individueller Verantwortungsfähigkeit führt.

Gewordene und werdende Moral

Wenn wir zum moralischen Bewußtsein erwachen, sind wir längst
moralisch denkende, fühlende und handelnde Menschen geworden. Wir verfügen über eine gewachsene Moral, deren Herkunft
und Qualität für unser Bewußtsein dunkel ist und zumeist erst
dann zur Frage wird, wenn eine biographisch bedeutsame Situation auftritt, die sich zum Beispiel in Form eines Handlungs- und
Entscheidungsdilemmas, einer Krise oder eines Versagens äußern
kann. Gerade hier: inmitten der Unsicherheit, Verzweiflung und
Sorge kann das Bewußtsein der Freiheit erwachen und schmerzhaft zeigen, wieso Autonomie und Verantwortung untrennbar
sind. Damit aber wird die moralische Bewußtseinsbildung nicht
nur zu einer Auseinandersetzung mit einer herausfordernden
Situation, sondern auch mit dem, was vorbewußt im Menschen
als Moralisches veranlagt worden ist.

Das kleine Kind erlebt und erwirbt seine Moralität unbewußt und implizit in den Handlungen seiner Umwelt, vor allem
von seinen Eltern und nächsten Bezugspersonen. Durch seine
offene und prägbare Seelenkonfiguration erlebt es nicht nur die
Handlungen und Sprache seiner Umgebung, sondern auch deren
immanenten moralischen Gehalt. Diesen macht es sich nachahmend zu eigen, und er wirkt sich nachhaltiger aus als alle Be-
lehrungen und Ermahnungen.[4] In dieser «Nachahmungsmoral»
eignet sich das Kind nicht nur Handlungsgrundlagen «konventio-
neller» Moral an, sondern auch eine Erfahrung der Sinnhaftigkeit
menschlichen Handelns überhaupt, sofern ihm Kränkungen die-

ser positiven Intention, sich in die Welt einzuleben, erspart bleiben. Eine höhere Bewußtseinsstufe entsteht, wenn das Kind lernt, das Denken und Handeln anderer Menschen ins Bild zu heben, und es sich an diesem Bild innerlich orientiert. Sein eigenes Erleben beruht dabei auf einer «Moral der Autorität», die es selbst sucht und anerkennt und erst dann durchbricht, wenn die eigene Urteilsbildung weit genug entwickelt ist. Dann gelingt es auch, nicht nur monokausale Urteile zu fällen, sondern eine perspektivreiche Sichtweise auszubilden, die gleichwohl die individuelle Verantwortung in der Urteilsbildung nicht ausklammert. Erst dann ist moralisches Erleben nicht mehr autoritativ gebunden, sondern an eigenen Überlegungen, Ideen und Idealen orientiert. Erst der Heranwachsende und Erwachsene erlebt den Bruch zwischen richtiger Einsicht in Form von Ideen und Idealen und der Fraglichkeit ihrer Einlösbarkeit im eigenen Handeln. Gerade dieser Zwiespalt bildet jedoch den Erfahrungshintergrund, um im moralischen Urteil sich selbst als Erkennenden und Handelnden kritisch einzubeziehen. Ideen und Ideale dienen der eigenen Standortbestimmung und helfen zu prüfen, wo sich eigenständige Gewissensbildung vollzieht und wo man zunächst nicht hinterfragten konventionellen, autoritativen oder egoistischen Motiven folgt. Das eigene moralische Bewußtsein wird so der Selbstentwicklung gegenüber offen.

Hier wird der Zusammenhang von Ethik und Moral[5] für das Leben des einzelnen Menschen bedeutsam: Moralisches Handeln, das sich in seinem Denken, Fühlen und Handeln unmittelbar niederschlägt, nämlich in den konkreten Vorfällen und Aufgaben des täglichen Lebens, erfährt seine Beleuchtung in der ethischen Reflexion. Denn durch sie kann die konkrete moralische Herausforderung unter weitergefaßten Gesichtspunkten reflektiert, relativiert und vor allem auch erweitert werden. «Nähe und Weite» treten dadurch in ein Verhältnis: Die «Nähe» des eigenen Erkennens und Handelns steht in Beziehung zum übergreifenden Zusammenhang menschlichen Erkennens und Handelns – in der «Weite». «Lokales» und «globales» Bewußtsein treten in Verbindung zueinander. Für das Erleben der Sinnhaftigkeit und des Wertes des eigenen beruflichen Handelns und für die Qualität der Zuwendung zum Klienten bleibt dieser Auseinandersetzungsprozeß nicht ohne Konsequenz.

Nicht die abstrakte Reflexion ist es, die zum ethisch-moralischen Erleben führt, sondern der konkrete Ort, an dem das Handeln im Alltagsgeschehen weiterentwickelt werden kann. Hier im unmittelbaren Erleben der Situationen und Aufgaben kann das moralische Empfinden zur Weiterentwicklung angeregt werden. Hier entscheidet sich, ob das, was über Jahre und Jahrzehnte hinweg in der eigenen seelischen Konfiguration eines Menschen veranlagt und befestigt worden ist, dessen Ausläufer tief in das Unterbewußte hineinreichen – in der konkreten Auseinandersetzung mit sich selbst und seinen Aufgaben –, verwandelt und erweitert werden kann.

«Die moralische Perspektive der Zukunft kann sich
nur denjenigen eröffnen, die die genannten Tugenden
sich immer mehr und mehr gesteigert denken.»
Rudolf Steiner 1982a, S. 131

Die Tugenden von Erstaunen, Mitgefühl und Gewissen

Erstaunen, Mitgefühl und Gewissen sind Begriffe, die auf Nähe
hindeuten. Auf Nähe zum anderen Menschen und zur Welt, aber
auch darauf, daß der Mensch sich in seinem Erleben und Handeln
auch selbst einbezieht und erlebt. Gerade in den helfenden Berufen wird Nähe oft als besonders schwierig erlebt: Es heißt, der
Helfende sei geradezu zu einer selbstausbeuterischen Nähe gezwungen und sei einer belastenden Asymmetrie ausgesetzt – einseitig verantwortlich dafür, was sich in der «Beziehungsdienstleistung» ereigne, immer nur gebend und sich überwindend. Soll
man aber angesichts der unleugbaren Gefahren (vgl. Denger 1992)
die «Nähe» aus der helfenden Arbeit verbannen? Oder soll man
lernen, sie so bewußt zu führen, daß ihre heilsame Kraft nicht nur
auf den Klienten wirkt, sondern zugleich auch auf denjenigen, der
eine Beziehung der Nähe gestaltet? Damit ist auch die Frage
gestellt, woher sich zwischenmenschliche Beziehungsfähigkeit
eigentlich speist, aus welcher Quelle sie entspringt, damit der
«Enthusiasmus des Anfangs» nicht schon nach wenigen Jahren
versiegt und in eine dauerhafte Fähigkeit beruflicher Begeiste-
rung verwandelt werden kann.

Der von Rudolf Steiner entwickelte Zusammenhang von
Erstaunen, Mitgefühl und Gewissen (Steiner 1982a, S. 131) – den

«Sternen der moralischen Kräfte» – bietet die Möglichkeit, sich einem solchen Prozeß der Entwicklung und Weiterbildung einer individuellen Berufsmoral zu nähern.

> «Mein nachhaltigster und intensivster Eindruck des gesamten Praktikums ist die Verschiedenheit der Kinder. Nirgends habe ich so eigene Charaktere angetroffen, wie hier. Das Besondere dieser behinderten Kinder war einfach, daß sie ganz sich selbst waren. Mir wurde klar, daß sie sich nicht in irgendeine Norm hineinpressen lassen, sich nicht irgendwelchen vorgegebenen Systemen beugen – vielleicht weil sie es gar nicht können –, wie auch immer haben sie mich durch ihre Individualität nicht nur beeindruckt, sondern auch aufmerksam gemacht auf den Massenkonformismus und auf die Gefahr, daß sich das Individuum jedes einzelnen in einer einzigen Gußform verliert.»[6]

Die Fähigkeit des Erstaunens

Wer staunt schon noch? Ist uns diese Erfahrung nicht schon längst untergegangen im Vor- und Besserwissen, im Mißtrauen auf unsere Wahrnehmungen, im neidvollen Beäugen der Leistungen anderer, im Zwang des Manipulierens und Zurechtkommenmüssens mit unserem Alltagsleben?

Als bewußt geübte Fähigkeit bedeutet Erstaunen, sich den Eindrücken aus der Welt zu öffnen. Der offene Mund eines staunenden Kindes zeigt, wie es von dem, was es in der Sinneswelt erlebt, beinahe überwältigt wird. Es erscheint ganz an den Wahrnehmungsvorgang hingegeben. Wer auch als Erwachsener staunen kann, öffnet sich bewußt den Eindrücken, die sonst allzu rasch von unseren Vorstellungen, Begriffen und Urteilen überdeckt werden, mit denen wir die Welt ordnen und erklären. Ein kleines Kind staunt gleichsam «naturhaft», da es den Eindrücken noch nicht die Barriere seiner Vorstellungswelt entgegensetzen kann. Dafür lebt es im Sinnesvorgang selbst mit und erfährt dessen Reichtum als eine ernährende Kraft. Es sei noch ganz Sinnesorgan, hingegeben an die Welt, diese sich einverleibend, seinen Organismus aufbauend oder kränkend, so bezeichnet Steiner dieses Erleben (vgl. Steiner 1982b). Indem der Erwachsene die Wahrnehmung unmittelbar mit seiner Vorstellungs- und Begriffbildung verknüpft, «erkennt» er die Welt, aber steht in der Gefahr, das aus seiner Sinneserfahrung auszuklammern – herauszufiltern –, was noch nicht Vorstellung geworden ist. Er kennt die Welt dann schon, ehe er sie erlebt hat. Sein Vor-Urteil hindert ihn daran, Neues aufnehmen zu können.

Im bewußt gelenkten Erstaunen eignen wir uns die Fähigkeit an, uns an den Wahrnehmungsvorgang wieder stärker hinzugeben, im Sinneseindruck zu leben und damit vor allem etwas erleben zu lernen, für das wir noch keine Kategorien und Klassifikationen haben. Wir werden dadurch unserer Sinneswahrnehmung bewußt und bringen diese selbst zum Erleben. Sie bereichert die seelische Erfahrung, kann aber auch verunsichern.[7] So können wir das immer schon Erkannte mit neuen Augen sehen, anstatt mit dem Gewordenen der eigenen Vorstellungswelt die Sinneserfahrung einzuschränken. Erstaunen bedeutet, Abstand zwischen dem Eindruck und unserem Verstehen hervorzubringen, mit dem Eigenen zuwarten zu lernen, sich bewußt bereichern zu lassen. Den abschließenden Charakter des Erkenntnisprozesses beschreibt Steiner mit folgenden Worten: «Sind wir zum Erkennen gekommen, dann ist eigentlich schon vorbei, was in der Seele Wert hat» (Steiner 1994, S. 183).

Die Frage ist dem Staunen verschwistert, denn der Fragende erfaßt die Diskrepanz zwischen Wahrnehmen und Verstehen, erwartet und wartet, daß sich ihm das noch Unverstandene erschließt. In beidem – Erstaunen und Fragen – verwandelt sich die Selbsterfahrung zu einer Geste der Öffnung und gibt die vermeintlichen Sicherheiten auf im Interesse auf Neues, Un-Erfahrenes. Im Vor-Wissen und Vor-Urteil hingegen lebt die Bemächtigung der Welt und des Anderen, indem diese in Kategorien der Aneignung gepreßt werden. Damit verwandelt sich auch das Verhältnis des Menschen zu seinem eigenen Denken, das seine assoziative und reflexive Art vermindert und statt dessen einen suchenden Charakter annimmt: Dadurch wird es zu einem Denken, das sich gleichsam in einen Tastvorgang wandelt und das den abschließenden Erkenntnisgestus hinausschiebt, um den Akt des Wahrnehmens nicht zu verpassen.

Gerade in der zwischenmenschlichen Begegnung lebt die Gefahr eines hohen Vorurteilspotentials auf, das die Begegnung selbst zu verstellen droht und verhindert, daß sich zwischen den Beteiligten Neues ereignen kann. Vor allem die helfende Beziehung steht in dieser Gefahr: Es kommt geradezu darauf an, sich der eigenen spontanen Reaktionen auf den anderen Menschen zu enthalten. Erst wenn es gelingt, sich der schnellen Urteile zu enthalten, die das fachliche Begriffsreservoir und die früheren Erfahrungen mit anderen Kindern oder Erwachsenen ermöglichen, kann der andere Mensch im Aufmerksamkeitsgestus des Helfers aufleben und sich aussprechen. Sonst geschieht, wovor Steiner so dringlich warnt, nämlich daß der Lehrer das Kind nicht zum Abbild seiner selbst machen dürfe (Steiner 1979, S. 75). Sowohl in der pädagogischen wie in der helfenden Beziehung sind es ja nicht nur die Maßnahmen der Anpassung, der Zwang zur Konformität, der den Klienten mißbildet, sondern vor allem auch das Bild des Klienten im Kopf und Herzen des Helfers, das den Anpassungsdruck erst erzeugt.

Gelingt es, sich seiner Reaktionen auf den anderen Menschen zunächst zu enthalten, ist der Grundstein dafür gelegt, daß sich dessen Wesen im Helfer aussprechen kann und dieser sich wahrgenommen und aufgenommen fühlt. Es ist offenkundig, daß dieser aktive Prozeß des Erstaunens – eine bewußtere Kontrolle des Wahrnehmungs- und Denkvorgangs – sich nicht aushöhlend auf das eigene seelische Erleben auswirkt, sondern es bereichert, auch wenn er mit einem zunächst befremdenden, retardierenden Moment verbunden ist.

Es gibt in der bildenden Kunst die Gelegenheit, diesen Prozeß zu erüben, zum Beispiel, wenn man eine der «Meditationen» von Alexej Jawlensky betrachtet, die dieser in immer neuen Variationen der gleichen Grundgestalt gemalt hat.[8] Hier gibt es kein begriffliches Zuendebringen des Betrachtungsvorgangs, sondern ein zunehmendes Aufleben des Sinnesvorgangs, ein Gespräch der

Augen mit dem Gegenstand, das mit zunehmender Intensität und Ausdauer immer reicher und vielfältiger wird.

Für die Schulung des seelischen Lebens wurden von Rudolf Steiner sechs Grundübungen[9] entwickelt, die auch für die Übung des Staunens von Bedeutung sind.

Eine dieser Übungen setzt an der Entwicklung einer unbefangenen Empfänglichkeit sogar für das Unwahrscheinlichste an. «Das habe ich noch nie gehört, das habe ich noch nie gesehen, das glaube ich nicht, das ist eine Täuschung, mit dieser Gesinnung muß der esoterische Schüler vollständig brechen. Er muß bereit sein, jeden Augenblick eine völlig neue Erfahrung entgegenzunehmen.» Offenkundig bringt diese eine Steigerung der Empfänglichkeit mit sich und die Fähigkeit, die eigenen Ansichten und Meinungen zurückzustellen. Ihre erste Erfahrung besteht darin, daß sich der Übende seiner persönlichen Art und Weise, auf die Sinneswelt zu reagieren, bewußter wird; bemerkt, *wie vorschnell* er schließt und urteilt.

Eine andere Übung, die der ebengenannten noch vorausgeht, beruht in der Kontrolle der eigenen Gedanken, um das rein assoziierende Denken – «das Irrlichtelieren» –, das sich unbewußt mit den Wahrnehmungen verbindet, beherrschen zu lernen und statt dessen ein Denken zu erziehen, in dem die Gedanken willentlich und folgerichtig miteinander verbunden werden. In dieser Übung geht man bewußt von einem ganz einfachen Gedanken aus und versucht diesen in strenger, logischer Konsequenz durchzudenken und alle Gedanken auszuschließen, die nicht dazu gehören, die jedoch gerade dann, wenn man so üben will, besonders heftig einschießen wollen. So führt diese Übung auch zu einem Sicherheitserlebnis in der Aufmerksamkeit.

> «Alles, was anfänglich als so schrecklich empfunden worden war, alles, was so eine tiefe Kluft zwischen nicht behinderten und behinderten Menschen zieht, existierte nicht mehr. Diese Menschen sind für mich zu ganz gewöhnlichen Menschen, nein, vielleicht zu großen Persönlichkeiten geworden. Sicher, viele waren durch ihre Sprache nicht, oder nur schwer, zu verstehen; man mußte auf kleine und kleinste Zeichen achten, mußte quasi auf eine ganz andere – keinesfalls niedrigere – Ebene umspringen. Man mußte lernen, auf leise und kleine Dinge zu achten, die von diesen Menschen ausgingen, man mußte wieder lernen, auf Dinge zu achten, die man in der heutigen, lauten Welt vielleicht allzugerne übergeht.»

Das Mitgefühl

Die «Beziehungsdienstleistung» zwingt dazu, mit den eigenen Gefühlen bewußt umzugehen, sie im Zaum halten zu können und sie damit zu «professionalisieren». So ist es kein Wunder, wenn von der «Last des Mitfühlens» (Overlander 2000, Kap. 4) gesprochen wird, von «The Managed Heart» oder sogar von einer «Kommerzialisierung» der Gefühle. Die Beherrschung des eigenen Gefühlslebens bedeute, bestimmte Gefühle, wie Ekel oder Scham, zurückzudrängen, andere, wie Mitgefühl und Sympathie, aber hervorbringen zu müssen. Mitgefühl aufbringen zu müssen, wenn ein

Patient Schmerzen hat, und gleichzeitig doch in innerer Distanz
zu bleiben, bringe den Helfer in einen Spannungszustand, den er
zu bewältigen habe, an dem er aber auch scheitern könne. In der
sozialen Arbeit hat der Begriff des Mitgefühls den älteren Begriff
des Mitleids ganz abgelöst. Seine Verwendung ist immer mißver-
ständlicher geworden, unter anderem wurde auch von dem «töd-
lichen Mitleid»[10] gesprochen, einem verkappten Selbstmitleid, das
den Leidenden nicht erträgt und seine «Erlösung» will («lieber
sterben, als im Rollstuhl sitzen»).

Ist das, was wir Mitgefühl oder Empathie nennen, mehr als
nur eine gedankliche Interpretation der Lage, in der sich der andere Mensch befindet? Kann davon gesprochen werden, daß wir
wirklich das Wesen eines anderen erfahren können? Carl Rogers
ging davon aus, daß wir dazu fähig sind, über die bloße Reflexi-
vität hinaus, das Seelenleben des anderen zu erleben.[11] Auf dieser
Überzeugung beruht sein therapeutischer Ansatz, der ein reini-
gendes und verwandelndes – kathartisches – Wirken in der zwischenmenschlichen Beziehung ermöglicht. Rudolf Steiner sah
im Prozeß des Mitfühlens die Möglichkeit einer wirklichen zwischenmenschlichen Kommunikation, die sich in unserer heutigen
Mitgefühlsfähigkeit erst andeutet: Wir leben in dem mit, «was in
dem geheimsten Allerheiligsten in den Wesen vorgeht, leben uns
hinüber von unserer Ich-Sphäre in die Ich-Sphäre des andern Wesens» (Steiner 1989, S. 103). In bezug auf die helfenden Berufe liegt
darin auch die Quelle für Inspiration und Intuition in der Arbeit
mit dem Klienten. Indem der Helfer sich in die Lage dieses Menschen versetzen lernt, erschließen sich ihm auch die Wege, ihn in

seiner Heilung und Entwicklung zu begleiten. Es ist ein Prozeß, der darauf beruht, daß die bloße Sympathie oder Antipathie mit den Erscheinungen, die sich am anderen Menschen zeigen, überwunden wird (Steiner 1995, S. 34). Dadurch stehen nicht mehr die Emotionen und Gefühle, die der Helfer selber hat, im Vordergrund, sondern seine Fähigkeit zu fühlen wird zu einem Instrument der Wahrnehmung für die seelische Lage des anderen Menschen. Der eigene seelische Innenraum bildet den Ort, an dem eine fremde Innerlichkeit erscheinen kann.

Dieses Mitfühlen kann nur authentisch geübt werden, im konkreten Hinlauschen und Hinhören. Das musikalische Element ist diesem Prozeß am nächsten: Schon das kleine Menuett aus der Sonate van Beethovens kann deutlich machen, wie dort eine andere Innerlichkeit als die eigene unmittelbar zum Erleben gelangen kann.

Das Stück beginnt mit einer lieblichen, schwingenden Melodieführung, nur das Sforzato in der Baßlinie in Takt 7 macht darauf aufmerksam, daß diese Lieblichkeit trügerisch sein könnte. Dann folgt ein jähes, eruptives Fugato, von unten aufsteigend durch alle Stimmen hindurch. Es kulminiert in einem Crescendo mit harten Sforzati, fällt unmittelbar ins Piano zurück und kehrt zur ersten Melodie zurück (vgl. das Notenbeispiel auf der folgenden Seite).

Die Musik ist nicht draußen, auch wenn sie jemand anders geschrieben hat, ein anderer sie spielt, sondern sie ist im Hörer selbst. Sonst kann sie nicht erlebt werden. Wer auf sie lauscht, kann die musikalische Aussage unmittelbar in sich erleben. Das Erleben

Ludwig van Beethoven: Klaviersonate in D-Dur, op.10, Nr.3

der Musik muß unterschieden werden von den Gefühlen, die sie im Hörer auslöst; diese erscheinen erst sekundär, wenn auch nur durch innere Aufmerksamkeit von der primären «Empfindung» des Musikalischen selbst zu trennen. Reflexiv – als dritter Schritt – ist erst das gedankliche Verstehen der musikalischen Aussage, die sich allerdings vom unmittelbaren Erleben schon weit abgelöst hat. Was schon an einem kleinen Beispiel deutlich wird, zeigt sich vollumfänglich dann, wenn man sich bewußt macht, welchen Erlebenshorizont man im Anhören einer ganzen Sonate oder einer Sinfonie durchläuft, welche unterschiedlichen Erfahrungen und Erlebnisse sich einem eröffnen – wenn man die innere Aufmerksamkeit für die Musik (auch hier unter Verzicht auf das bloße Gefallen oder Mißfallen) aufbringt und sich an sie hingibt.

Der Charakter der Musik ist es, der diesen Vorgang leichter macht, als es in der zwischenmenschlichen Begegnung der Fall ist. Denn dort braucht es in aller Regel einen Verzicht auf die eigene Machtbestrebungen: den Verzicht, die Begegnung steuern zu wollen, und die Bereitschaft, sich zurückzustellen, auch dann, wenn man dabei auf die blanken Egoismen des andern gestoßen und von ihnen mißbraucht zu werden droht. «Dies impliziert den Verzicht auf einen oft sehr subtilen Schutz, auf Machtphantasien und Vereinnahmungswünsche, auf Mechanismen der Projektion und der Schuldzuweisung sowie der psychologischen Abwehr von Irritation, Verunsicherung und Angst», schreibt Markus Dederich (2000, S. 195). Und doch – oder gerade – zeigt sich in diesem «Schritt über den Abgrund», wie so oft, wenn Befürchtungen einen Schritt verhindern wollen, daß man nicht auf einen Ausbeuter, sondern einen Mitmenschen trifft, der die gleiche Fähigkeit der Empathie besitzt und sich ermutigt fühlt, sie einzusetzen. Und wenn doch, kann man auch damit fertig werden.

In den erwähnten Übungen Rudolf Steiners finden sich auch solche, die für diesen Entwicklungsprozeß hilfreich sind. Es handelt sich um die Ausbildung eines gewissen Gleichmuts gegenüber den Schwankungen im Gefühlsleben, seiner Neigung, unmittelbar und unkontrolliert auf äußere Eindrücke zu reagieren, in Lust und Leid, Freude und Schmerz. Statt dessen geht es darum, eine gleichmäßigere Seelenstimmung zu erzeugen. Das heißt nicht, keine Gefühle mehr zu haben, sondern, die eigenen Gefühle mit innerer Aufmerksamkeit begleiten zu lernen und dadurch zum Gestalter der Gefühle zu werden. Dadurch wird man aufmerksam, wie Gefühle entstehen, welche Stimmungen für einen selbst typisch sind, und kann das Fühlen nach und nach mit dem eigenen Bewußtsein stärker durchdringen.

In einer weiteren Übung wird das Bewußtsein darauf aufmerksam gemacht, in allen Erscheinungen und Erfahrungen das Positive sehen zu lernen, ein bewußtes Aufsuchen des Guten und Schönen. «Er wird alsbald bemerken, daß unter der Hülle eines Häßlichen ein verborgenes Schönes, … unter der Hülle eines Wahnsinnigen die göttliche Seele irgendwie verborgen ist.» Es handelt sich darum, auf vordergründige Kritik oder gar Kritiksucht zu verzichten und einen Standpunkt einzunehmen, «der sich liebevoll in die fremde Erscheinung oder das fremde Wesen versetzt und sich überall fragt: Wie kommt dieser Andere dazu, so zu sein oder so zu tun?» Die Bedeutung eines solchen Standpunkts wird um so einsichtiger, wenn man bedenkt, daß die Art des menschlichen Bewußtseins gewöhnlich auf einem Prozeß der Gegenüberstellung, der Distanzierung von der Welt, beruht, damit aber auch dazu verleitet, das eigene, ebenfalls auf Gegenüberstellung beruhende Kritikpotential voll in Anschlag zu bringen. So neigen wir dazu, weniger Aufmerksamkeit auf das Gelingende, Werdende und Positive zu richten.

> « ... aber mir fällt die Offenheit und Ursprünglichkeit der Kinder auf – und ihre Zutraulichkeit. Diese Zutraulichkeit macht den Raum, den ich um mich herum ‹freigehalten› habe, zunichte. Die Kinder treten mir nahe.»

Gewissen

Gewissen geht aus dem Gestus des Mitfühlens hervor, so wie das Mitgefühl aus der offenen Gebärde des Erstaunens. Im Erstaunen und Mitfühlen ereignet sich eine Annäherung an den anderen Menschen, durch die er im Bewußtsein des Helfers unmittelbar «wiederersteht». Er dringt, um mit Levinas zu sprechen, vom «Gesicht» zum «Antlitz» durch. «Die Beziehung zum Antlitz kann gewiß durch die Wahrnehmung beherrscht werden, aber das, was das Spezifische des Antlitzes ausmacht, ist das, was sich nicht darauf reduzieren läßt ... Normalerweise ist man eine Person: man ist Professor an der Sorbonne, Vizepräsident im Staatsrat, Sohn eines Soundso, alles das, was im Paß vermerkt ist, die Art sich zu kleiden, sich zu präsentieren. Und jede Bedeutung, im üblichen Sinn des

Begriffs, bezieht sich auf einen derartigen Kontext: Der Sinn einer Sache beruht in ihrer Beziehung zu etwas anderem. Hier hingegen ist das Antlitz für sich allein Sinn. Du, das bist du. In diesem Sinn kann man sagen, daß das Antlitz nicht «gesehen» wird. Es ist das, was nicht ein Inhalt werden kann, den unser Denken umfassen könnte; es ist das Unenthaltbare, es führt uns darüber hinaus ... Aber die Beziehung zum Antlitz ist von vornherein ethischer Art. Das Antlitz ist das, was man nicht töten kann oder dessen Sinn zumindest darin besteht, zu sagen: Du darfst nicht töten» (Levinas 1992, S. 65).

Der zwischenmenschliche Raum, der sich im Handeln zwischen Klient und Helfer eröffnet, ist ein Gewissensraum. In ihm zeigt sich, ob sich der Helfer am Gesicht des anderen Menschen orientiert oder sein Antlitz sucht oder ob er dieses subtil oder offen verleugnet. Dies gilt auch dann, wenn soziales Handeln, wie es in den vergangenen Jahren geschehen ist, immer mehr reglementiert und unter kommerziellen Aspekten eines Anbieter-Kunden-Denkens gesehen wird. Das Gewissensmoment zielt darauf hin – unter Überwindung jeglicher Routine, die das soziale Handlungsfeld von jeher gefährdet –, dem Neuen in der Begegnung gerecht zu werden, und darauf, den andern durch die eigene Handlungsweise wirklich in seinem Willen zur Entwicklung und Heilung zu erreichen (seine Entwicklung nicht zu hindern oder zu «töten») und die Folgen des eigenen Handelns zu verantworten.

Auch die Gewissensbildung gehört zu den mißverstandenen und prekären geistig-seelischen Prozessen des Menschen. Sein moralisches Erkennen und Handeln kann in einem autonomen Gewissen gipfeln oder aber in dessen heteronomen Vorläufern steckenbleiben. Lawrence Kohlberg kam in seiner Stufenentwicklung des moralischen Handelns und Denkens zu vergleichbaren Ergebnissen, wie sie auch in der Ethik Rudolf Steiners veranlagt sind. Sie bilden eine Entwicklung ab, die von der Orientierung an Konventionen und Normen hinreichen zur Einbeziehung universeller Normen und Prinzipien in der Gewissensbildung (vgl. Kohlberg 1997, S. 7–40). Kohlberg hielt allerdings die moralische Entwicklung des Menschen mit dem beginnenden Erwachsenenalter schon für abgeschlossen, danach handle der Mensch aufgrund der moralischen Fähigkeiten, die er sich während seiner Kindheit und Jugend erworben hat. Damit wird jedoch die Herausforderung des Gewissensmomentes und vor allem seine geistige Seite verkannt: denn ebenso, wie sich der Helfer nicht am Gesicht, sondern am Antlitz des bedürftigen Menschen zu orientieren sucht, so orientiert sich eine spirituelle Gewissensbildung nicht an dem, was in der Vergangenheit erworben worden ist, sondern an dem, was sich auf eine künftige Entwicklungsmöglichkeit bezieht. So kann sich eine werdende Gewissensbildung nicht nur im Nachhinein an dem unterrichten, was sich in den Folgen des Handelns bisher als gut oder schlecht erwiesen hat, sondern fragt prospektiv, welche Folgen sich in der Zukunft abzeichnen. Daß dies zunächst unabsehbar ist, liegt in der Natur des menschlichen Willenslebens, das für das Bewußtsein noch wenig erreichbar ist. In der moralischen Intuition (Steiner 1973a, S. 145–173) verschmelzen Gewissen und Willenstätigkeit zu einer Einheit, zu einer im Handeln lebenden Weisheit, die sich aus rationalem Kalkül und Handlungsplanung allein nicht ergeben kann.

Die Gewissensstimme, deren Herkunft uns zunächst dunkel bleibt, wird erlebt als ein mahnender Einschlag, in dramatischen Momenten als Erschütterung unserer selbst, als Ruf zur Umkehr. Diese Momente treten mit Gewißheit auch in den helfenden Berufen auf, mehr noch aber gehört es zur alltäglichen Herausforderung, die Gewissensstimme in den täglichen Geschäften des Lebens «hören» zu wollen. In seiner Theorie der moralischen Entwicklung orientierte sich Kohlberg vorwiegend an Dilemma-Situationen, an Zwangslagen in der menschlichen Existenz.[12] Im Gegensatz dazu beschrieb Carol Gilligan die Herausforderung des Moralischen nicht anhand der verzweifelten Situationen des Lebens, sondern – als «weibliche Moral» – an der Art und Weise, mit den täglichen Situationen umzugehen, als eine Fähigkeit zur Hinwendung und Pflege (Gilligan 1984).

Die Erfahrung des Gewissens, das als Stimme sich in uns ausspricht, die über unser Tagesbewußtsein hinausreicht und in der wir aufmerksam werden können auf unser höheres Ich, kann unterstützt werden durch das Gewinnen einer höheren Empfindsamkeit gegenüber der Sprache selbst. Sprache erfassen wir zunächst instrumental (siehe Anderegg 1985) in ihren Aussagen, Hinweisen und ihrem Verhaftetsein an die gegenständlich-begriffliche Welt. Vor allem in der Lyrik und in der meditativen Sprache eröffnet sich eine weitere Dimension: Sprache wird medial, zur Vermittlerin von etwas, das sich nachbegrifflich – in einer Äußerung, für die es noch keine Begriffe gibt – mitteilt.

Im Erleben eines Gedichtes können wir dieser Schicht, als einem Anruf, in einem ersten Schritt nähertreten:

Zuflucht noch hinter der Zuflucht

Hier tritt ungebeten nur der wind durchs tor

Hier
ruft nur gott an

Unzählige leitungen läßt er legen
vom himmel zur erde

Vom dach des leeren kuhstalls
aufs dach des leeren schafstalls
schrillt aus hölzerner rinne
der regenstrahl

Was machst du, fragt gott

Herr, sag ich, es
regnet, was
soll man tun

Und seine antwort wächst
grün durch alle fenster[13]

Reiner Kunze

Die Einbettung der Gewissenserfahrung in unser Willensleben kann unterstützt werden, indem dieses selbst übend verstärkt wird. In einer der Übungen zur Stärkung der Seeleneigenschaften wird an täglichen, kleinen Handlungen die Durchhaltefähigkeit, das Festhalten an Entschlüssen und ihren Konsequenzen geschult. Eine der Erfahrungen, die daran gewonnen werden, zeigt sich in der Möglichkeit, die Implikationen und Konsequenzen von Handlungen und Entschlüssen allgemein bewußter einschätzen zu können und zu beurteilen.

Die Fähigkeit zur Verantwortung, das heißt die Folgen der eigenen Entschlüsse und Handlungen zu tragen – die alltägliche Gewissensprüfung –, rechnet mit der vollen Potenz des Menschen: seiner Gedankenwelt, seinem Fühlen und seinem Willensleben. In der sechsten der von Steiner entwickelten Übungen soll daher das, was in einzelnen Schritten geübt worden ist: Denken, Wille, Gefühlsausgleich, Positivität und Unbefangenheit, in einen inneren Einklang gebracht werden. Das Ich des Menschen erfährt sich umgeben von seinen eigenen seelisch-geistigen «Instrumenten», mit denen es sein Verhältnis zur Welt gestalten kann.

Selbstlosigkeit – «der Lebensstrom der Menschheit»?[14]

Korczak hätte sich retten können. Als die Kinder seines Waisenhauses zur Vernichtung nach Treblinka gebracht wurden, ging er mit ihnen (vgl. Klein 1996). Selbstlos? Nein, weil er zu diesen Kindern gehörte. Ihr Leben war Teil des seinen, auch in der letzten Konsequenz.

Die Frage der Selbstlosigkeit kann kaum abstrakt gestellt werden, sie ist eine Frage an uns in den konkreten Konstellationen, in die uns das Leben – unser Schicksal – oft ungefragt und ungewollt stellt. Sie hat nichts mit Selbstverleugnung zu tun, sondern damit, das aufzugreifen, was vor unserer Türe liegt und das wir nicht ohne Schaden an uns selbst verleugnen können.

Selbstlosigkeit offenbart sich in den Wirkungen des Handelns von Menschen, sie schließt deren eigene Bedürfnisse ein, nicht aus. Aber sie durchbricht auch die Fiktionen der Selbstbespiegelung und Egoismen, die uns von der Welt isolieren. Viele der großen humanen Netzwerke – «Amnesty International», «Ärzte ohne Grenzen» und andere – haben dafür gesorgt, daß die Welt wenigstens ein Stück weit gerechter geworden ist – auch weil die Menschen, die sich dafür engagieren, in einer besseren Welt leben wollen. So gesehen, handelt es sich darum, uns in Zusammenhängen zu erleben und in sie einzubinden, in denen unsere Abhängigkeit (wir finden uns in einer konkreten und nicht anderen Lebenssituation) und zugleich unsere Souveränität (in jeder Situation gibt es Raum für Entwicklung) wirksam gelebt werden können.

Weder das verlogene Reden von der «opfervollen Aufgabe» noch das geschäftige Umdeuten des Helfens in eine «Dienstleistung», so wie Fensterputzen oder Paketzustellen, bringen die Berufsmotive in den sozialen Berufen zum Vorschein, sondern erst die umschließende Geste zwischen Helfer und Geholfenem, in der eine heilsame Beziehung auflebt, ohne die das Leben in Isolation, Krankheit, Stillstand und Verwahrlosung münden müßte. Aber wer will schon in einer solchen Welt leben.

Anmerkungen

1   Das Zitat von Janusz Korczak findet sich auf dem Cover und im Begleitheft des Films «Korczak» von Andrzej Wajda. Seine Originalherkunft konnte nicht ermittelt werden.

2   Hierzu zähle ich vor allem die Berufsgruppen, die im Feld der sozialen Arbeit, Heilpädagogik, Krankenpflege u. a., tätig sind.

3   «Dehumanisierung», die Tatsache, daß ein anderer nicht mehr als Individuum, sondern nur noch als Objekt des eigenen Handelns wahrgenommen wird, gehört zu den Kennzeichen des «Burnout-Syndroms». Vgl. z. B. Buchka u. Hackenberg 1987.

4   Zu den menschenkundlichen und entwicklungspsychologischen Grundlagen der kindlichen Moralentwicklung siehe u. a. Steiner 1969, Kranich 1994.

5   Die Unterscheidung zwischen Ethik und Moral wird in der Literatur unterschiedlich vorgenommen. Hier bezeichnet Moral individuelles ethisches Handeln in konkreten Lebenssituationen des Einzelnen, nicht aber ein vorgegebenes konventionelles Handlungsmuster. Ethik bezeichnet das Denken über moralische Fragen im wissenschaftlichen Zusammenhang und in allgemeinen Fragestellungen.

6   Dieses Zitat und die beiden Zitate vor den nächsten Abschnitten stammen aus dem Berichtsheft über das Sozialpraktikum in der Heilpädagogik von einer Schülerin der 12. Klasse. Aus: Zeitschrift Seelenpflege 1997, Heft 2.

7   Zuweilen findet man in Zeitschriften Rätsel, die Detailausschnitte von Alltagsobjekten zeigen. Es kann beunruhigend sein, diese Bilder anzuschauen, ohne sie «enträtseln» zu können, und doch zu wissen, daß man das, was sie abbilden, eigentlich kennt.

8   Eine Reihe von ihnen ist in diesem Buch abgedruckt.

9   Innerhalb seiner vielfältigen Beschreibungen für die Selbstentwicklung des Menschen beschrieb Rudolf Steiner auch die sogenannten Nebenübungen, die hier und in den folgenden Abschnitten zitiert

sind. Sie sind nachzulesen in den Büchern «Die Geheimwissenschaft im Umriß», «Wie erlangt man Erkenntnisse der höheren Welten?» und «Anweisungen für eine esoterische Schulung».

10 Dörner, K. (1993): Tödliches Mitleid. Gütersloh: van Hoddis.

11 Vgl. Rogers C. (1999): Die nicht-direktive Beratung. Frankfurt: Fischer.

12 So wurde den Probanden z. B. das bekannte «Heinz-Dilemma» geschildert, in dem ein Mann vor der Gewissensfrage steht, ob er die Medizin, die seine todkranke Frau heilen könnte, stehlen darf, weil er nicht die Mittel hat, sie zu bezahlen.

13 Dieses Gedicht wurde von Rainer Kunze als eine Ermutigung an den Dichter Peter Huchel geschrieben, als dieser unter Berufsverbot, Isolation, Kontrolle und Bespitzelung durch den Staatsapparat der DDR stand. Aus: Mayer 1973, S. 219.

14 Diese Zeile gehört zu einem Meditationsspruch Rudolf Steiners. Sein vollständiger Wortlaut findet sich in Steiner 1973b.

Literatur

Anderegg, Johannes (1985): Sprache und Verwandlung. Zur literarischen Ästhetik. Göttingen: Vandenhoeg und Ruprecht.

Buchka, Maximilian; Hackenberg, Jörg (1987): Das Burn-out-Syndrom bei Mitarbeitern in der Behindertenhilfe. Ursachen – Formen – Hilfen. Dortmund: Modernes Lernen.

Dederich, Markus (2000): Behinderung – Medizin – Ethik. Behindertenpädagogische Reflexionen zu Grenzsituationen am Anfang und Ende des Lebens. Bad Heilbrunn: Klinkhardt.

Denger, Johannes (1992): Ideal und Wirklichkeit. Versuch über den Umgang mit Idealen am Beispiel der helfenden Berufe. Stuttgart: Freies Geistesleben.

Gilligan, Carol (1996): Die andere Stimme. Lebenskonflikte und Moral der Frau. München: DTV.

Klein, F. (1996): Janusz Korczak. Sein Leben für die Kinder – sein Beitrag für die Heilpädagogik. Bad Heilbrunn: Klinkhardt.

Kranich, Ernst-Michael (Hrsg.) (1994): Moralische Erziehung. Beiträge zur Pädagogik Rudolf Steiners Bd. 3. Stuttgart: Freies Geistesleben.

Mayer, Hans (Hrsg.) (1973): Über Peter Huchel. Frankfurt: Suhrkamp 1973.

Overlander, Gabriele (2000): Die Last des Mitfühlens. Aspekte der Gefühlsregulierung in sozialen Berufen am Beispiel der Krankenpflege. Frankfurt: Mabuse.

Levinas, Emanuel (1992): Ethik und Unendliches. Gespräche mit Phillippe Nemo. Wien: Edition Passagen.

Steiner, Rudolf (1962): Die Geheimwissenschaft im Umriß. Dornach: Rudolf Steiner Verlag. GA 13 (= Nummer der Rudolf Steiner Gesamtausgabe).

Steiner, Rudolf (1969): Die Erziehung des Kindes vom Standpunkt der Geisteswissenschaft. Dornach: Rudolf Steiner Verlag.

Steiner, Rudolf (1973a): Die Philosophie der Freiheit. Grundzüge einer modernen Weltanschauung. Seelische Beobachtungsresultate nach naturwissenschaftlicher Methode. Dornach: Rudolf Steiner Verlag. GA 4.

Steiner, Rudolf (1973b): Anweisungen für eine esoterische Schulung. Dornach: Rudolf Steiner Verlag. GA 42/245.

Steiner, Rudolf (1979): Die geistig-seelischen Grundkräfte der Erziehungskunst. Spirituelle Werte in Erziehung und sozialem Leben. 12 Vorträge in Oxford 1922. Dornach: Rudolf Steiner Verlag. GA 305.

Steiner, Rudolf (1982a): Theosophische Moral. Drei Vorträge in Norköpping 1912. Dornach: Rudolf Steiner Verlag. GA 155.

Steiner, Rudolf (1982b): Die pädagogische Praxis vom Gesichtspunkte geisteswissenschaftlicher Menschenerkenntnis. Die Erziehung des Kindes und jüngeren Menschen. 8 Vorträge in Dornach 1923. Dornach: Rudolf Steiner Verlag. GA 306.

Steiner, Rudolf (1994): Erfahrungen des Übersinnlichen. Die drei Wege der Seele zu Christus. Dornach: Rudolf Steiner Verlag. GA 143.

Steiner, Rudolf (1989): Der irdische und der kosmische Mensch. Neun Vorträge in den Jahren 1911 und 1912 in Berlin. Dornach: Rudolf Steiner Verlag. GA 133.

Steiner, Rudolf (1995): Heilpädagogischer Kurs. 12 Vorträge, gehalten in Dornach vom 25. Juni bis 7. Juli 1924 vor Ärzten und Heilpädagogen. Dornach: Rudolf Steiner Verlag. GA 317.

Zeitschrift Seelenpflege in Heilpädagogik und Sozialtherapie. Hrsg. von der Konferenz für Heilpädagogik und Sozialtherapie in der Medizinischen Sektion der Freien Hochschule am Goetheanum. 16. Jg. 1997, Heft 2.

Herr, ich bin bereit, 1936

Rolf Heine

Rolf Heine ist Krankenpfleger in der Pflegedienstleitung der Filderklinik bei Stuttgart. Seine Arbeitsschwerpunkte sind die Pflegeentwicklung und Fort-bildung sowie die Krankenpflegeausbildung. Außerdem ist er seit einem Jahr Sekretär des Internationalen Forums für Anthroposophische Pflege in der Medizinischen Sektion der Freien Hochschule für Geisteswissenschaft. Sein Lebensmotto ist die Frage nach der Spiritualität in der Krankenpflege und Ethik.

«Auf die Frage, ob man jemandem lehren könne,
ein guter Mensch zu werden, antwortete mein
15jähriger Sohn kurz und bündig: ‹Nein!›
Auf Nachfrage erklärte er: ‹Was gut ist, muß jeder für
sich selbst finden!››»

DIE SPIRITUELLE DIMENSION DER ETHIK
IN DER BERUFSAUSBILDUNG

«Die Würde des Menschen ist unantastbar.» Was ist die Würde?
Die Würde ist das Leuchten des Ich. Sie gibt Kunde vom Ich, wie
die Farbe vom Licht. Sie ist die Art, in der das Ich erscheint. Zu
erkennen: Da ist Würde, heißt: Da ist ein Mensch. Zu erkennen:
Da ist ein Mensch, heißt: Da ist Würde.
Das Organ, mit dem Würde aufgefaßt wird, bildet sich inmitten der
Brandung der Sinneseindrücke. Durch die Berührung mit der Welt
wird sich das Ich seiner selbst bewußt. Das Ich selbst bleibt als Quell-
ort des Bewußtseins unangetastet.

Die Realität des Geistes, die spirituelle Dimension unseres Daseins
ist den Sinnen zwar verborgen, dem Denken jedoch unmittelbar
zugänglich. Wesen, immaterielle Qualitäten kann man denken:

Würde, Werte, Ideale. Sie zeigen Wirklichkeitscharakter, wenn wir sie üben und zu realisieren versuchen. So kann man auch einen Menschen ebenso über den Tod hinaus in sich denken und fühlen, wie man dies auch einem Ungeborenen gegenüber kann, wenn uns die Welt interessiert, aus der er kommt, bevor er sich mit dem Erbgut von Vater und Mutter identifiziert und seinen Inkarnationsweg begonnen hat.

Das Streben nach dem Guten ist den Willensintentionen des ungeborenen, unsterblichen Ich eigen. Im vorgeburtlich gefaßten Entschluß, Schicksalsfäden zu knüpfen und zu entwirren, Verletzungen zu heilen und Zukunft zu gestalten, liegt der Impuls für das Handeln und das Maß für Gut und Böse. Erziehung und Umwelt fördern oder hemmen das Vermögen des Kindes und Jugendlichen, nach dem Guten zu streben. Eltern, Schule und soziales Umfeld können durch Vorbild und partnerschaftliches Begleiten zur Erinnerung und Erkenntnis der ureigensten Lebensaufgabe des Kindes beitragen. Sie pflegen Leib und Seele, so daß es sich in Freiheit zu seinen eigenen Intentionen hinentwickeln kann. Durch Unwahrhaftigkeit verdunkeln sie den Blick des Kindes und Jugendlichen. Sie können durch falsche Werte, durch Belohnung und Bestrafung verführen. Physische und psychische Gewalt verderben Leib und Seele und machen sie unbrauchbar als Instrumente des Ich. Vom Standpunkt des freien Menschen erscheinen biologische und soziale Faktoren als Hüllen, in denen sich die Gestaltungsimpulse des Ich darleben. Sie bilden das Material, aus dem heraus der schöpferische Mensch seine selbstergriffene Lebensaufgabe verwirklichen kann.

Auf die Frage, ob man jemandem lehren könne, ein guter Mensch zu werden, antwortete mein 15jähriger Sohn kurz und bündig: «Nein!» Auf Nachfrage erklärte er: «Was gut ist, muß jeder für sich selbst finden!» Schlagkräftiger kann man die Bemühungen von Eltern und Lehrern kaum desillusionieren und den philosophischen Diskurs auf das Wesentliche lenken: Es gibt kein abstraktes Gutes, das außerhalb des Menschen liegt, nach dem man sich richten könnte. Weder Gottesgebot noch Gesetz, weder kollektive Moral noch ethischer Konsens sind hinreichend, individuelles Handeln als letztlich gut vor dem eigenen Gewissen zu rechtfertigen. Sie mögen richten und strafen, sie mögen den Zustand kollektiver ethischer Standards widerspiegeln oder als freundschaftliche Ratschläge Handlungsrichtlinien sein – in letzter Konsequenz bestimmt allein das individuelle Gewissen das Richtmaß für Gut und Böse, beleuchtet die Motive, zeigt Schuld, entfacht Liebe, ermutigt, das Leben zu ordnen.

Das Streben nach einem individuell verantworteten Guten ist die leitende Kraft. Bewundernd, vielleicht besorgt steht man vor dem rückhaltlosen Mut, mit dem die kollektive Ethik an entscheidenden Stellen verlassen und Irrtum, Verfehlung und Schuld in Kauf genommen werden um dieser Gewissensfreiheit wegen. Nicht, daß Freiheit hier als ein leidenschaftliches Ideal gelten würde; sie ist die nüchterne Tatsache, daß einem modernen Menschen niemand die Verantwortung für das eigene Handeln wirklich abnehmen kann. «Was gut ist, muß jeder für sich selbst finden ...»

Dieser sich hier bahnbrechende ethische Individualismus (vgl. Steiner GA 4) hat eine wesentliche Voraussetzung: Damit nicht Instinkte und Triebe, Sympathien und Antipathien, Lust und Unlust das Handeln prägen, sondern der freie und befreiende Wille und die Liebe zur Tat, bedarf es der Selbsterkenntnis und Selbsterziehung. Diese vervollständigen beim mündigen Menschen die Erziehung durch Eltern, Schule und Umwelt.

Selbsterziehung und Selbsterkenntnis sind Metamorphosen der Erziehung. Ihre Notwendigkeit wird durch das Leben selbst immer wieder eingefordert. Die Verwandlung der Führung durch andere in eine selbstgestaltete Schulung, selbstgeführte Entwicklungsarbeit, steht als Aufgabe vor jedem jungen Erwachsenen. Wer an ihr arbeitet, entwickelt sich ein Leben lang. Wer sich nicht selbst erzieht, läuft Gefahr, lebenslänglich von der Erziehung durch andere oder die Umstände abhängig zu bleiben.

Es sind vor allem die Berufsausbildungen, die mit diesem Entwicklungsschritt rechnen müssen, die ihn fördern, wenn nicht gar initiieren sollten, um freie, entscheidungs- und verantwortungsfähige Menschen in die Berufspraxis entlassen zu können. *Erwachsenenbildung* in diesem Sinne ist *Willenserweckung* (vgl. van Houten 1996).

Die im professionellen Umgang mit hilfebedürftigen Menschen ständig auftretenden ethischen Fragen und Grenzsituationen bedürfen einer tiefgreifenden Berücksichtigung sowohl in den theoretischen wie in den praktischen Teilen der Ausbildung. Weil von außen vorgegebene Werte und Normen zunehmend ihre richtungsweisende und sinnstiftende Kraft verlieren, müssen individualisierte Formen zur Erweckung eines «ethischen Bewußtseins» gefunden werden. Der notwendige Übergang von der

Erziehung durch Eltern, Schule und Umwelt in die Selbsterziehung ist hierbei das Leitmotiv.

Wie lernt der Mensch?

Wer eines der Märchen kennt, in denen drei Wünsche zu vergeben sind, ist wohl bald auf die Idee verfallen, es geschickter anzustellen als der Märchenheld: Anstatt die drei Wünsche unvorsichtigerweise für dies und jenes aufzubrauchen, wird klar: der letzte freie Wunsch muß dafür herhalten, das Reservoir an freien Wünschen wieder aufzufüllen. Findet ein Kind diese Lösung und ärgert es sich vielleicht sogar über die vermeintliche Dummheit des Märchenhelden, der nicht ebenso auf diese einleuchtende Idee gekommen ist, so ist es dabei, aus dem Märchenalter herauszuwachsen. Es beginnt die Welt nicht mehr in Bildern, sondern intellektuell zu begreifen. Den dritten Wunsch, der unbegrenztes Wünschen erfüllt, den gibt es wirklich. Es ist die Fähigkeit des Menschen, ein Leben lang zu lernen. Für den Menschen bedeutet Lernen nicht allein, sich dieses oder jenes Vermögen zu erwerben und sich damit in gewisser Weise zu spezialisieren, sondern Lernen bedeutet in erster Linie, sich die Fähigkeit zu erringen, immer weitere Fähigkeiten ausbilden zu können. Der Mensch ist ein Möglichkeitswesen: er kann das Lernen lernen. Das Lernen der Tiere ist ein reiner Anpassungsprozeß an die Umwelt. Der überwiegende Anteil ihres Verhaltens ist erblich, ist Trieb und Instinkt. Jede noch so perfekte Eigenschaft, ja gerade die perfekten Eigenschaften sind einseitig, sind Spezialisierungen, die in sich wandelnden Lebenssituationen nutzlos oder zur Last werden können. Nur wer die Plastizität besitzt, diese Einseitigkeiten immer wieder aufzulösen, bleibt in Entwicklung.

Der Mensch lernt auf drei Wegen: durch *Nachahmung,* durch *(Selbst-)Erfahrung* und durch *Erkenntnis.* Diese drei Lernformen durchdringen sich, unterscheiden sich aber wesentlich durch den Grad an Bewußtheit, mit der das zu Lernende aufgefaßt wird. In der Nachahmung werden Bewegungen, Gesten, Stimmungen, Gedanken in das eigene Verhaltensrepertoire übernommen. Selbst wenn die Nachahmung mit voller Absicht geschieht, beispielsweise beim Schauspiel, bleibt der Vorgang als solcher in der Regel unbewußt.

Polar dazu geschieht Lernen durch Erkenntnis völlig bewußt. Ein Vorgang, eine Sinneserscheinung, ein Erlebnis werden durchschaut, der Zusammenhang mit anderen Erscheinungen der Wirklichkeit leuchtet ein. Eine Erkenntnis integriert eine Wahrnehmung in den Begriffsorganismus des Erkennenden. Lernen durch Erkenntnis setzt das Denken voraus. Selbst, wenn eine Erkenntnis intuitiv, wie aus dem Nichts auftaucht, wird sie nur durch das Denken in den Rang einer Erkenntnis erhoben. Ein bloßer Einfall bleibt im Bereich eines halbbewußten Erlebnisses. Erlebnisse können durchaus Offenbarungscharakter haben, sie können bewegend und erschütternd sein, ihnen fehlt aber im Gegensatz zur Erkenntnis das implizite Verständnis. Eine Erfahrung kann unverstanden bleiben, wird nicht zur Erkenntnis. So stehen Erlebnis und Erfahrung als halbbewußte Phänomene zwischen der unbewußten Nachahmung und dem vollbewußten Erkennen.

Die Nachahmung kennt zunächst weder ein «Warum» noch ein «Wozu». Sie ist in ihrer Unbewußtheit die Domäne kindlichen Lernens im Vorschulalter. Gehen, Sprechen und Denken entwickeln sich aus der Nachahmung menschlicher Vorbilder.

Erlebnisse hat das Kind seit dem ersten Atemzug. Diese Erlebnisse wechseln mit den Sinneseindrücken. Sie sind begleitet von Lust und Unlust, Sympathie und Antipathie. Jedoch erst indem sie erinnert werden können, kann das Kind aus ihnen lernen. Erst jetzt macht es Erfahrungen. Diese sind zunächst subjektiv. Sie sind das Ergebnis einer gefühlsmäßigen oder denkerischen Zusammenschau verschiedener Erlebnisse. Das Lernen durch Erfahrung ergänzt das Lernen durch Nachahmung vorzugsweise in der Zeit bis zur Adoleszenz.

Das Lernen aus Erkenntnis gilt als die dem Erwachsenen angemessene Methode. Denn nur, wenn man eine Sache versteht, ist man frei, sie zu beurteilen und sinngemäß anzuwenden. Sie setzt die Fähigkeit voraus, unabhängig von Sympathie und Antipathie, rein aus den Gesetzen des Denkens auf die Wirklichkeit zu blicken. Diese Fähigkeit entwickelt sich im Jugendalter, wenn das subjektive Erleben zur Reife gelangt ist. Erst jetzt kann über das Eigenerleben hinaus auf Gesetzmäßigkeiten geblickt werden.

Etwa vom 21. Lebensjahr an stehen Denken, Fühlen und Wollen dem Ich als Instrumente zur Verfügung und erlauben vollgültige selbstbestimmte Urteile und Entscheidungen.

Die Entwicklung moralischen Handelns aufgrund von Nachahmung, Erfahrung und Erkenntnis

Nachahmung

Das neugeborene Kind lebt noch jenseits von Gut und Böse. Es erlebt Eltern und Umwelt als Quelle von Zuwendung und Liebe, als nährende Hülle seiner körperlichen und seelischen Bedürfnisse. Werden ihm Zuwendung und nährende Hülle versagt, erleidet es Mangel. Es kann sich nur durch satte Zufriedenheit, freudige Erregung oder Rufen und Schreien äußern und Einfluß auf seine Umgebung nehmen. Mit völliger Berechtigung ist das kleine Kind reiner Egoist. Nichts kann es zunächst der Welt geben, außer daß es «es selbst ist». Ob Eltern und Umwelt dieses «Geschenk» annehmen oder es ablehnen, ist entscheidend für das Selbstvertrauen und das Selbstwertgefühl des sich entwickelnden Menschen. Alles hängt davon ab, daß die Eltern dieses kleine, nimmersatte, unermüdlich fordernde, egoistische Wesen annehmen. Es ist sinnlos, dem Kind diesen natürlichen Egoismus durch Versagung seiner Bedürfnisse austreiben zu wollen. Das genaue Gegenteil würde dadurch erreicht. Das Verhalten der Eltern nachahmend, wird es sich auf sich selbst zurückziehen und sich selbst im späteren Leben der Welt vorenthalten. Wer nicht überströmende Liebe am eigenen Leibe erlebt hat, wird es schwerer haben, zu schenken und zu lieben, weil dieser Mangel an Erfahrung auf dem Grunde der Seele fortwirkt.

«Kinder brauchen Grenzen!» Dieses Plädoyer erfahrener Eltern und Pädagogen meint in diesem Sinne nicht die Versagung von Zuwendung, sondern den Schutz der Hüllen des Kindes. Nicht jeder Kummer, nicht jedes Schreien ist ein Hilferuf an die Eltern, sondern vielmehr das Bedürfnis, sich selbst zu spüren, zu sich selbst zu kommen. Das Strampeln des Neugeborenen ist keinesfalls als Freiheitsdrang zu verstehen, sondern als Bedürfnis, sich an der Grenze der Umhüllung selbst wahrzunehmen, Widerstand zu spüren. Grenzen setzen beginnt mit der Respektierung der Individualität und Integrität des Kindes. In ihm einen vollgültigen Menschen zu sehen und nicht ein «süßes, putziges, niedliches Püppchen», pflegt die Grenzen aufs beste. Das Kind vor einem gefährlichen Gegenstand zu schützen oder einen Gegenstand vor dem Kind zu schützen, ist etwas völlig anderes, als dem Kind einen Kodex von erlaubten und verbotenen Verhaltensweisen anzuerziehen. Der Schutz von Menschen, Tieren, Pflanzen und Gegenständen, die Sorge um das Wohl der anderen wird als wichtige Erfahrung aus der frühen Kindheit als Wert in das Leben des Erwachsenen hinüberragen. Aus ihr wird sich eine die Naturgesetze und sinnvolle soziale Regeln respektierende, ethische Grundhaltung herausbilden. Abstrakte, lebensfeindliche Ge- und Verbote werden hingegen zur Grundlage für eine starre, fundamentalistische Ethik der Normen und Gesetze.

Gute und schlechte Gewohnheiten sind gleichermaßen Frucht der Nachahmung. Sie entstehen durch rhythmische Wiederholung. Schlafen und Wachen, regelmäßige, rhythmische Nahrungsaufnahme, Zeiten des Spiels und der Ruhe sowie Zeiten des Zusammenseins und des Alleinseins sind die ersten Felder, an denen Gewohnheiten ausgebildet werden. Wiederholung ist Nach-

ahmung des Vorangegangenen. Durch Gewohnheit «wohnt» das
Kind in seinem Leib. Vertrauen und Verläßlichkeit prägen das
Leib- und Lebensgefühl des ein-gewöhnten Kindes. Aus der
reinen Assimilierung und «Verleiblichung» der elterlichen Liebe
wird eine Kraft, die sich wie überfließend an die Gebenden,
Schenkenden, Liebenden zurückwendet – die Dankbarkeit. Anders als Lust und Unlust, ist im Dank der Bewußtseinsinhalt nicht
selbstbezogen, sondern ganz auf ein «Du» ausgerichtet. Das Frei-
werden von der Leib- und Selbstbezogenheit ist Grundlage für
eine Begegnung mit der Welt, die nicht auf den eigenen Nutzen,
sondern auf die der Welt angehörenden Gesetzmäßigkeiten ausgerichtet ist. Das Danken ist damit eine erste Seelenbewegung hin
zum späteren Denken. Sofort wird deutlich, daß Dank nicht als
Verhaltensmaßregel vom Kind eingefordert werden kann. («Wie
sagt man …?» – «Sag schön danke!») Dankbarkeit gegenüber dem
Kind ist wiederum die beste Möglichkeit, das Danken als Inhalt
und gute Gewohnheit des Familienlebens zu etablieren. Ein «ver-
wöhntes» Kind lebt zu stark in seinem Leib, am Erleben von Grenzen erwacht es für die Außenwelt, im Dank öffnet es sich der Welt.

Erlebnis und Erfahrung

Im Bewußtsein des kleinen Kindes reiht sich Erlebnis an Erlebnis.
Es lebt in fortwährender Gegenwart. Freudige und schmerzliche
Ereignisse nehmen das kindliche Bewußtsein total in Anspruch.
Ebenso schnell und heftig, wie sie erscheinen, sind sie wieder ver-
gessen. Durch Lebensrhythmus und Gewohnheiten bildet sich

neben dem Erleben der Gegenwart eine untergründige Schicht der Dauer. Auf ihr leuchten die aktuellen Ereignisse wie Kometen kurz auf. Wiederholen sich gleichartige Erlebnisse, verbinden sie sich mit der Schicht der Dauer. Erst wenn Erlebnisse erinnert werden, sind sie dem Ich zugänglich und können denkend miteinander in Beziehung gesetzt werden. Erlebnisse werden so zu ersten Erfahrungen. Zur Reife gelangt diese Fähigkeit im zweiten Lebensjahrsiebt, wenn die Erinnerungsfähigkeit sich voll auszubilden beginnt.

Das folgerichtige Verbinden einzelner Erlebnisse wird gefördert durch das sinnerfüllte und konsequente Verhalten von Eltern, Erziehern und Lehrern. Ursache und Wirkung, die Beziehung von Aktion und Reaktion werden nur begreifbar, wenn der innere Zusammenhang von Ereignissen durch die Umgebung des Kindes vorgelebt wird. Stehen Wort und Tat im Widerspruch zueinander, bleibt die Welt für das Kind willkürlich. Sein eigenes Handeln findet kein Maß an der Wirklichkeit.

Der innere Zusammenhang der Ereignisse erschließt sich dem Kind zunächst nicht intellektuell, sondern im Bild. Das Bild weckt bekannte Empfindungen, die als komponierte Einheit vor dem Bewußtsein erscheinen. Beispielsweise rührt das Märchen vom Sterntaler an die Erinnerung der Ablösung von der ursprünglichen Einheit mit Mutter und Vater. («Es war einmal ein kleines Mädchen, dem war Vater und Mutter gestorben ...») Nicht der Todesbegriff, den wir als Erwachsene kennen, erscheint vor dem kindlichen Bewußtsein, sondern das Erlebnis des Getrenntseins von der leiblichen Einheit mit den Eltern. Der Verlust der

Nahrung und der Kleidung durch das freimütige Verschenken läßt
die Umwandlung und Individualisierung des von den Eltern «ererbten Leibes», wie sie beispielsweise durch Kinderkrankheiten
unterstützt werden, als tiefgründiges Erlebnis in der kindlichen
Seele aufleben. Die Hinwendung zur Welt, wie sie im Danken
zum Ausdruck kommt, wird gesteigert durch das freiwillige Hingeben allen Besitzes. Das Empfangen eines neuen Vermögens aus
der geistigen Welt führt dazu, daß eine anhaltende Beziehung zum
eigenen Leib («… sein Hemdlein … vom allerfeinsten Linnen»)
geschaffen wird. Der Leib ist dem Kind nun nicht mehr etwas
Äußerliches, sondern er ist ihm zu eigen geworden («… und war
reich für sein Lebtag»). Dieses Märchen bringt das Erlebnis der
Getrenntheit von den Eltern, die Fremdheit des ererbten Leibes,
die Hingabe an die Welt und das Erringen einer neuen leiblichen
Identität zum Ausdruck. Im Bild werden diese Erlebnisse zu einer
sinnerfüllten, hoffnungsfrohen Einheit verbunden und der kindlichen Seele eine moralische Erfahrung geschenkt.

Das kindliche Erleben ist geprägt von der Identifikation
mit der Umwelt. Nachahmend schlüpft das kleine Kind in die
Rolle der Mutter, des Vaters oder anderer ihm bedeutsamer Menschen. Gesten, Tonfall und Redewendungen werden nachgespielt.
Später tritt an die Stelle der Identifikation mit dem Vorbild die bewußte Anerkennung des Erwachsenen als Autorität. Im Aufblicken
zu ihr wird das eigene Entwicklungspotential bewußt: «Wie der Erwachsene, so werde ich einmal sein.» Daraus können sich positive
oder negative Ideale entwickeln. «So will ich einmal werden» – oder
«so will ich niemals sein». Ideale wie Gerechtigkeit, Bescheiden-

heit, Treue, Wahrhaftigkeit werden als Tugenden erlebt, die am Erwachsenen beobachtet und im eigenen Verhalten geübt werden können. Sie bilden die Grundlage einer Tugendethik im späteren Leben. Gefördert werden Tugendideale außer durch das Vorbild liebevoller Autoritäten durch reichhaltige Sozialkontakte mit Schwächeren und Hilfsbedürftigen, durch Freundschaften mit Gleichaltrigen und das Erlebnis von fruchtbaren Konfliktlösungen.

In der Diskrepanz zwischen dem So-Sein und dem Tugendideal vertieft sich das bisher eher traumhafte Selbstgefühl. Es kommt oft als Schuldgefühl zum Bewußtsein. Es ist gepaart mit einem Einsamkeitsgefühl als Ausdruck dieser Selbstfindung, das die meisten Kinder zwischen dem 9. und 10. Lebensjahr durchleben. Die Suche nach der eigenen Stellung in der Welt gelangt noch nicht zur Selbsterkenntnis, sie lebt noch in Idealen und Gefühlen. In allem Schönen erwacht dieses Gefühl, besonders im künstlerischen Arbeiten wird es zum Instrument, die Welt zu gestalten.

Erkenntnis

Seelisch wird das wache Erkennen vorbereitet durch eine zunehmende Distanz zu den bisherigen Autoritäten. Die Gültigkeit einer Aussage ist nicht mehr automatisch durch die Autorität des Erwachsenen gegeben. Sie will aus sich heraus für wahr erkannt werden. Der Jugendliche schwimmt aber zunächst in einem Meer von Aussagen, Meinungen und selbsterdachten, mehr oder weniger logischen Zusammenhängen. Er erlebt sich meist zunächst

argumentativ unterlegen. Fortwährend wird das Bemühen um
selbständiges Denken und Urteilen von einem Meer der Er-
wachsenenmeinungen und den kollektiven Allgemeinplätzen der
Gleichaltrigen überflutet. Wie das Kind beim Laufenlernen immer wieder hinplumpst, so fällt der Jugendliche mit seinen eigenen Urteilsbildungen immer wieder «auf den Hosenboden». Bevor freies und unabhängiges Denken die Oberhand gewinnen,
sucht der Jugendliche die Auseinandersetzung mit der Umwelt.
Ihre Wahrhaftigkeit wird fortwährend geprüft. Nicht mehr allein
was gesagt und getan wird ist entscheidend, auch nicht mehr allein
wie es gesagt und getan wird, sondern *ob* das Gesagte und Getane
durch die handelnde Persönlichkeit gedeckt wird. Zur Konsequenz wird die Authentizität der Autorität eingefordert: von ihr
wird verlangt, daß sie ihr persönliches Ringen um Wahrheit und
richtiges Handeln offenbart. Eine Autorität, die schon perfekte
Antworten auf alles weiß, ist für den Jugendlichen unglaubwür-
dig. Der Weg ist entscheidender als das Ergebnis. Das Ergebnis
ohne nachvollziehbaren Weg ist wertlos, denn der Jugendliche
will in die Lage kommen, aus sich selbst heraus zu handeln. Das
Denken selbst hat diesen Wegcharakter, denn die Wirklichkeit ist
uns nicht unmittelbar gegeben, sie zerfällt in Wahrnehmung und
Begriff. Erst in der Wiederverbindung der Wahrnehmung mit
dem ihr zugehörigen Begriff erscheit die Welt im Ganzen vor dem
wachen menschlichen Bewußtsein. Diese innere Tätigkeit der
Wiederverbindung ist das Denken (vgl. Steiner GA 4). Die Erscheinung der Wirklichkeit im Bewußtsein ist das Erlebnis des
Erkennens. Im Denken überwindet der Mensch die subjektive

Selbstbezogenheit und taucht ein in die Welt der Gesetzmäßigkeiten. Allgemeingültige Werte werden gesucht und erkannt, unabhängig vom subjektiven Vermögen. Die Radikalität, mit der Jugendliche oftmals moralische Forderungen und Ideale aufstellen, denen sie selbst nicht im entferntesten genügen können, spricht von der Überwindung der bloßen subjektiven Gültigkeit von Wertvorstellungen. Die Tugendethik entwickelt sich zur Werteethik. Werte sind zunächst ohne persönlichen Anspruch. Sie anzuerkennen oder abzulehnen steht im Ermessen des Einzelnen. Verstehbare Werte sind die Grundlage für die Toleranz gegenüber den Wertvorstellungen anderer Zeiten, Kulturen und Menschen.

Tabelle 1   Moralische Entwicklung in Kindheit und Jugend

Kleines Kind	*Schulkind*	*Jugendliche*
Punktuelle Erlebnisse, aufleuchtendes Ich-Erlebnis	Erlebnisse werden zusammenhängend erinnert	Starke Selbst- und Ich-Erfahrungen an Extremen
	Erste Erfahrungen bilden sich. Erstes Einsamkeitsgefühl als Ich-Erfahrung	
Punktuelles Wiedererkennen	Erinnerung und bildhaftes Erkennen	Logisches und abstraktes Denken, Erkenntnisse
Gesetzesethik	Tugendethik	Werteethik

Lernwege in der Berufsausbildung

Die Trennung von Denken, Fühlen und Wollen

Mit dem Beginn von Studium, Berufsausbildung und selbstverantworteter Lebenspraxis wird eine neue Fähigkeit benötigt: die aktive Mitgestaltung der eigenen Lernwege. Die hohe Abbrecherquote bei Studiengängen und anderen Berufsausbildungen sind ein deutliches Indiz für die Schwierigkeit, diesen Entwicklungsschritt zu tun. Die einseitige Ausrichtung auf das intellektuelle Lernen in nahezu allen Berufsausbildungen läßt für eine Entfaltung des Gefühlslebens und des Willens wenig Raum. Unzählige theoretische Inhalte werden nicht von Gefühl und Wille durchdrungen und erfüllt. Dadurch bleibt das intellektuelle, abstrakte Erkennen ohne Wärme und Tatimpulse. Phantasie und Kreativität in der Gedankenbildung verkümmern, die Lebenswirklichkeit wird zunehmend mit abstrakten Denkinstrumenten beurteilt. Der vielfach beklagte Mangel an Selbständigkeit, Kreativität, Initiative, Verantwortungsbereitschaft, Flexibilität, Allgemeinbildung und Sozialkompetenz von Schulabgängern und Berufseinsteigern bezeichnen diesen Sachverhalt.

Das vom Fühlen und Wollen losgelöste Denken ist allerdings eine Zeiterscheinung. Wir werden stündlich von einer Fülle von Sinneseindrücken und Informationen überschüttet. Schrekkensnachrichten, welche das Gemüt in ihrer Grausamkeit und voyeuristischen Darstellungsart nicht fassen kann, stumpfen das Empfindungsleben ab. Die Tatenlosigkeit, zu welcher der bloße Zuschauer verdammt ist, lähmt den Willen. Die Dreistigkeit, mit der offensichtliche Lügen in die Welt gesetzt werden, die völlig akzeptierte Wirklichkeitsverleumdung in der Werbung, das Primat des Scheins vor dem Sein in der Ernährung, all dies führt zur Resignation hinsichtlich der Beurteilbarkeit der Wirklichkeit. Was bleibt, ist nicht mehr als das kühle, distanzierte, intellektuelle in sich eingekapselte Denken.

Zur Trennung von Ethik und Moral

Die Trennung von Moral und Ethik gibt hierfür ein gutes Beispiel. Unter Moral werden die innermenschlichen Prozesse verstanden, durch die der Mensch eine Handlung als gut oder böse beurteilt. Moral kann individuell aus dem persönlichen Gewissen entstehen oder durch zeit- und kulturabhängige, gesellschaftliche Prägungen. Ethik wird demgegenüber als wertfreie, empirische Wissenschaft betrachtet, die verschiedene Wertesysteme vergleicht und deren Konsequenzen für das menschliche Zusammenleben untersucht.

Wenn ethisches Denken nicht zu moralischen Impulsen leitet, wenn eine ethische Erkenntnis nicht das Handeln befruchten kann, entsteht Willenslähmung und Handlungsunfähigkeit. Wenn moralische Impulse nur gefühlsmäßig begründet und dem Denken nicht zugänglich werden, entsteht Willkür und Dogmatismus.

Dazu ein Beispiel:

Eine 83jährige Frau wird ins Krankenhaus eingeliefert. Die stark übergewichtige, gehbehinderte Dame war im Pflegeheim gestürzt und hatte sich dabei eine Oberarmfraktur zugezogen. Sie leidet nun unter heftigen Schmerzen. Sie ist sich nur zeitweise bewußt, daß sie sich im Krankenhaus befindet. Auch den Grund ihrer Krankenhauseinweisung vergißt sie immer wieder. Im Laufe des Nachmittags wird sie zunehmend unruhig, zieht sich ohne benennbaren Grund Nachthemd und Unterwäsche aus, versucht das Bett zu verlassen und reagiert aggressiv auf die Pflegenden, die ihrerseits versuchen, sie immer wieder über den Grund ihres Krankenhausaufenthaltes und die am folgenden Tag bevorstehende Operation aufzuklären. Zum Schutz der Patientin wird ein Bettgitter angebracht. In der Nacht eskaliert die Situation. Die alte Dame mißdeutet Lichter und Gegenstände im Krankenzimmer und fühlt sich von ihnen und der Nachtschwester, die heftig beschimpft wird, bedroht. Sie schläft kaum in dieser Nacht. Am anderen Morgen soll die Patientin gewaschen werden, was sie vehement ablehnt.

Die beschriebene Situation ist vielen pflegenden Angehörigen, professionell Pflegenden oder Ärzten, die mit desorientierten, verwirrten Menschen arbeiten, bekannt. Alle Helfer stehen vor der Frage, wie der in Not geratenen Dame angemessen geholfen werden kann. Da sie sich vordergründig nicht helfen lassen will, entsteht ein Konflikt zwischen den Intentionen der Pflegenden und dem zunächst ablehnenden Verhalten der Patientin. Die Frage des Helfenden lautet: «Darf man einen Menschen gegen seinen Willen behandeln?»

Man bemerkt schnell, daß zwischen dem dargestellten Fall und der ethischen Frage, obwohl diese den Konflikt zu beschreiben scheint, ein ungeheurer Abstraktionsschritt liegt. Beginnt man ohne den konkreten Fall, der die Frage auslöste, im allgemeinen zu urteilen, so wird man Maßstäbe von außen anlegen müssen. Zum Beispiel: «Die Autonomie des Einzelnen, sein Wille, sein Selbstbestimmungsrecht hat unbedingten Vorrang vor jeder fremden Absicht.» Oder: «Der Wille des Helfers hat aufgrund seines Wissens um die Folgen einer Unterlassung der Behandlung Vorrang über die durch Unwissenheit eingeschränkte Autonomie des Betroffenen.»

Über Wertungen dieser Art läßt sich trefflich streiten, Argumente für und wider stehen für beide Meinungen zur Verfügung. In der Projektion auf den konkreten Fall käme man möglicherweise zu folgender Entscheidung: «Die medizinisch notwendige Operation kann durchgeführt werden, weil eine Unterlassung für die Patientin weitere, für sie gegenwärtig nicht einsehbare Nachteile bringen würde. Es wird davon ausgegangen, daß es im Willen der Patientin liegt, diese Nachteile nicht erdulden zu müssen. Die Bewegungseinschränkung durch die Bettgitter dient dem unmittelbaren Schutz der Patientin und hat wie die Operation Priorität vor der vordergründigen Ablehnung. Die morgendliche Waschung wird dagegen als obsolet angesehen, da sie den Zustand der Patientin nicht grundlegend beeinflussen kann und Schädigungen durch eine einmalige Unterlassung nicht zu befürchten sind.» Bei dieser Konfliktlösung handelt es sich um einen Kompromiß, bei dem im einen Fall dem Wissen des Helfenden, im zweiten Fall der Selbstbestimmung der Patientin Vorrang gegeben wird.

Die tatsächliche Auflösung der Situation ergab sich jedoch nicht aus der Abstraktion des Konflikts zwischen Helfern und Patientin und dem anschließenden – hier fiktiv dargestellten – ethischen Diskurs, sondern aus einer erweiterten Wahrnehmung des konkreten Falles.

Die Verwirrtheitszustände der alten Dame, ihr Bewegungsdrang, ihre Aggression gegen die Nachtschwester wurden nicht als Ablehnung von Hilfe gedeutet, sondern erkannt als eine Äußerung großer Not, in die sie durch Schmerzen, Bewegungseinschränkung und die fremde, beängstigende Krankenhaussituation gekommen war. *Nicht Ablehnung von Hilfe, sondern geradezu eine gesteigerte Hilfsbedürftigkeit charakterisieren ihren Zustand.* Tatsächlich wurde durch verständnisvolle Zuwendung, das Hinausführen aus dem Bett ins Bad, sanfte rhythmische Berührungen und ein warmes Fußbad die Patientin vollkommen beruhigt, sie schlief ein, zeigte sich nach kurzem Schlaf weitgehend über die unmittelbar bevorstehende Operation orientiert und kooperierte bei allen weiteren Vorbereitungen.

Nicht die Konstruktion eines ethischen Dilemmas – Selbstbestimmung des Patienten versus medizinisch-pflegerische Kompetenz – dient der Lösung des Problems, sondern allein die unvoreingenommene Wahrnehmung der konkreten Wirklichkeit. Mit anderen Worten – eine falsch gestellte Frage bringt keine zielführenden Antworten. Selbstverständlich läßt sich auch die im konkreten Fall erfolgreiche Problemlösung nicht verallgemeinern. Es wäre also unsinnig, jede Ablehnung von Hilfe als eine nonverbale Hilfesuche zu deuten.

Darum kann es auch gar nicht gehen. Vielmehr zeigt das Beispiel, wie richtiges Handeln nur dann möglich ist, wenn der Blick auf die Wirklichkeit nicht durch Vorstellungen («Die Patientin will meine Hilfe nicht»), Affekte (Aggression, die leicht entsteht, wenn man an der Durchführung einer Absicht gehindert wird) oder eigennützige Motive (schnell mit einer Aufgabe fertig zu werden) getrübt ist. Erst dieser Blick ermöglicht das fruchtbare Fragen und bildet die Voraussetzung für wirklichkeitsgemäßes Handeln. Wirklichkeitserkenntnis erweist sich als ein Problem. Ihr steht nicht allein die illusionäre Verkennung der Situation, wie sie in unserem Beispiel dargestellt wurde – vordergründige Ablehnung wurde als Verweigerung von Hilfe mißdeutet –, sondern auch die Illusion über die eigenen Motive im Wege.

Dazu ein weiteres Beispiel:

Eine alleinerziehende Mutter pflegt ihr zwölfjähriges, schwer spastisch gelähmtes Kind. Der Zustand des Kindes verschlechtert sich langsam und stetig. Druckgeschwüre an Hüften und Ohren waren trotz großem pflegerischen Einsatz entstanden. Das Kind nimmt immer weniger Nahrung zu sich. Die Mutter ist mutlos und erschöpft und sieht das Lebenslicht des Kindes erlöschen. Sie trägt sich mit dem Gedanken, das äußere Engagement, Willen und Hoffnung für das Leben sinken zu lassen und sich innerlich auf den Tod des Kindes einzustellen.

Nimmt die Mutter den Schicksalsweg ihres Kindes wahr, oder ist es ihre eigene Erschöpfung, die hier das Motiv für die hoffnungslose Sicht auf das Leben des Kindes darstellt? Eine von außen nicht zu entscheidende Frage! Tatsächlich verbesserte sich der Zustand des Kindes mit der Einrichtung einer künstlichen Ernährung zunehmend. Die Druckgeschwüre verheilten, und das Kind erschien nun auch gemessen an den körperlichen Befunden keineswegs auf dem Weg, das Leben zu verlassen. Glücklicherweise war in diesem Beispiel der mutlose Blick auf das Kind nicht ausschlaggebend für das Handeln. Wie oft werden Entscheidungen jedoch aufgrund der Projektion des eigenen Befindens zum bestimmenden Handlungsimpuls.

Konsequenzen für die Berufsausbildung

Schulung der Wahrnehmung

Als Entwicklungsschwerpunkt im frühen Erwachsenenalter, dem Lebensabschnitt der ersten Berufsausbildung, haben wir das selbstgeführte Lernen, mit anderen Worten das Lernen des Lernens gesehen. Es wurde deutlich, daß durch die einseitig intellektuelle Betonung der Wissensinhalte eine Abspaltung vom Gefühls- und Willensleben droht. Diese Unabhängigkeit des Erkenntnislebens von den anderen Seelenkräften ist gleichzeitig die Voraussetzung für die menschliche Freiheit. Eine Erkenntnis schießt eben nicht sogleich in den Willen. Die Schädlichkeit von Alkohol und Nikotin, die Umweltzerstörung durch die exzessive Nutzung von Auto und Flugzeug und so weiter sind allgemeine Wissensinhalte, von jedermann einzusehen. Die Einsicht führt jedoch keineswegs – wie wir wissen – unmittelbar zu konsequentem Handeln. Die Erkenntnis läßt und macht uns frei. Damit ist gleichzeitig die Möglichkeit für unmoralisches Handeln gegeben. Die erste Voraussetzung für moralisches Handeln ist – wie dargestellt – der unverstellte Blick auf die Wirklichkeit. Die Wirklichkeit ist uns durch Wahrnehmung und Begriff, die im Denken miteinander verbunden werden, gegeben. Die Wahrnehmungsschulung ist damit – als Grundlage für die denkende Verarbeitung – der erste Schritt, die Wirklichkeit aufzufassen. Als Wahrnehmungsorgane stehen uns die Sinne zur Verfügung.

Die folgende Tabelle zeigt die zwölf Wahrnehmungsbezirke, durch die ein vollständiges Erfassen der Welt gegeben ist, sowie deren mögliche Störungen und einige therapeutische Möglichkeiten des Lehrers, diesen Störungen zu begegnen.

Tabelle 2   Die zwölf Wahrnehmungsbezirke

Sinnesbezirk		*Bedeutung für das Lernen*
Leibessinne	Tastsinn	Vermittelt Vertrauen darin, daß etwas wirklich ist. Greifen führt zum Begreifen
	Lebenssinn	Vermittelt Aufnahmebereitschaft, Lust auf Neues
	Eigenbewegungs-sinn	Vermittelt den Spannungs- und Entspannungszustand der Muskeln. Er ist Voraussetzung für manuelle Geschicklichkeit
	Gleichgewichtssinn	Vermittelt die Beziehung des Körpers im Raum. Durch ihn werde ich mir meines Standpunktes bewußt und kann ihn verändern, ohne aus dem Gleichgewicht zu gelangen
Gefühlssinne	Geruchssinn	Der Geruchssinn ist stark mit Gefühls-eindrücken verbunden. Weckt farbige Erinnerungen
	Geschmackssinn	Erleben der Qualitäten eines Stoffes
	Sehsinn	Erleben von Licht und Farben. Die Welt erscheint in Oberflächen
	Wärmesinn	Wahrnehmung von Wärme und Kälte
Erkenntnissinne	Hörsinn	Vermittelt die Geräusch- und Klangwahr-nehmung. Die Dinge «künden» von sich
	Lautsinn	Erleben von Bedeutungseinheiten, Lauten, Gesten, Zeichen. Metamorphose des Eigenbewegungssinnes
	Begriffssinn	Wahrnehmung eines Gedankens, der Bedeutung, der Idee einer Sache. Metamorphose des Lebenssinnes
	Ich-Sinn	Wahrnehmung des Ich des anderen, Erkennen seiner «Autorität». Metamorphose des Tastsinnes

Symptome der Schwäche *(bezüglich der Lernfähigkeit)*	*Förderung des Sinnesbezirkes* *(beim Erwachsenen)*
Fehlendes Vertrauen in die eigene Lernfähigkeit	Berühren, bestätigen, Zeit lassen
Faulheit, Unlust bei Anforderungen	Rhythmus zwischen Anforderungen und Entspannungen. Pausen begrenzen
«Zwei linke Hände», Koordinations-schwierigkeiten, zu starke Bindung an den manuellen Teil einer Tätigkeit, keine Freiheit, darüber hinauszusehen	Tanz, Eurythmie, Rhythmusübungen, flüssiges, rhythmisches Arbeiten
«Steht immer im Weg», kann sich schlecht orientieren, verliert leicht seinen Standpunkt	Balancieren, Eurythmie, Schaukeln, sich während des Arbeitens den eigenen Standpunkt bewußt machen
Unsensibilität für die Atmosphäre, extreme Abhängigkeit von Sympathie und Antipathie. Ekel	Interesse entwickeln, den Sinneseindruck mit Interesse verfolgen
«Geschmacklosigkeiten», mangelndes Differenzierungsvermögen	Unterscheidungsvermögen ausbilden, Selbsterfahrung
«Blindheit», bei «Weitsichtigkeit» ist man mehr im Allgemeinen zu Hause, bevorzugt wird der Weg vom Allge-meinen zum Speziellen. Bei «Kurz-sichtigkeit» tritt nur das Nächst-liegende ins Bewußtsein. (Vom Speziellen zum Allgemeinen)	Beobachtungsübungen, Entspannungsübungen für die Augen, Malen
Mangel an Begeisterungsfähigkeit	Auf die Erwärmungsphase bei den Lernprozessen besonderes Gewicht legen
«Hört nicht zu», «läßt sich nichts sagen»	Das Gesagte wiederholen lassen, Vereinba-rungen treffen, notfalls schriftlich. Musik
Ständige Mißverständnisse, Ähnliches wird nicht wiedererkannt. Der Transfer auf verwandte Wissensgebiete oder Handlungsfelder gelingt nicht	Deutliches Sprechen, Sprachgestaltung, Tanz, Eurythmie, Rhythmusübungen, flüssiges, rhythmisches Arbeiten
«Interesselosigkeit». Zusammenhänge werden nicht erkannt. Denken erscheint grundsätzlich mühsam	Anregung über die Phantasie. Gedanken in Bilder fassen. Konzentrationsübungen
«Mißtrauen gegen den Lehrer», Autoritätsgläubigkeit. Abstrakter, kalter Umgang mit Wissen. Rücksichtslosigkeit	Persönlichen Kontakt suchen, Blickkontakt, mit Namen begrüßen. Berühren, bestätigen, Zeit lassen

Die Metamorphose des Lernens durch Selbsterfahrung

Das Lernen durch Erkenntnis wurde in seiner Beziehung zur Wahrnehmung dargestellt. Damit eine Erkenntnis zur Tat wird, muß sie
mit dem Gefühls- und Willensleben verbunden werden. Eine Erkenntnis ohne Gefühl bleibt abstrakt, kühl, ohne Beziehung zum
Erkennenden. Das Gefühlsleben entwickelt sich am Lernen aus
Selbsterfahrung. Damit Selbsterfahrung jedoch nicht zu einem
Schließen von der eigenen Befindlichkeit auf das Weltganze führt,
wie dies zum Beispiel in Kants «Kategorischem Imperativ» als mo-
ralischem Paradigma geschieht, bedarf es einer Verwandlung der
Selbsterfahrung («Handle nur nach derjenigen Maxime, durch die
du zugleich wollen kannst, daß sie ein allgemeines Gesetz werde»,
Immanuel Kant in «Grundlegung zur Metaphysik der Sitten»;
sprichwörtlich wird der kategorische Imperativ folgendermaßen
gefaßt: «Was du nicht willst, das man dir tu, das füg' auch keinem
andern zu!») Diese Metamorphose ist möglich, indem ich meinem
eigenen Erleben wahrnehmend gegenübertrete. Hierzu ein Beispiel: Ein Mensch macht mich wütend. Dieser subjektiven Erfahrung folgt gewöhnlich das Urteil: «Dieser Mensch ist aggressiv,
egoistisch, langweilig und so weiter», und daraus der Entschluß:
«Hier ziehe ich mich zurück» oder «Dem werde ich es zeigen …»
In dieser Haltung bleibe ich bei der Selbstempfindung stehen, und
es ist nicht möglich, den anderen zu verstehen, denn das Selbsterleben fesselt den Blick auf die Welt. Trete ich in ein wahrneh-
mendes Verhältnis zu meinem Erleben oder meiner Erfahrung in
dem Sinne «Wie interessant! Dieser Mensch vermag es, mich wü-

tend zu machen», so wird das Selbsterleben zum Hintergrund, auf dem sich das Verhalten des anderen abbildet. Wissend, daß in einer anderen Stimmung das gleiche Verhalten vielleicht ein ganz anderes Gefühl in mir hervorrufen könnte, erkenne ich mich selbst in meiner seelischen Konstitution und den anderen in seinem Sein und Handeln.

Ein weiteres Beispiel:

> Ein bestimmter Geruch erzeugt Ekel in mir. Bleibe ich beim Ekel stehen, so werde ich mich abwenden oder mich mit angehaltenem Atem überwinden. Gelingt es, dem Geruch, der in mir Ekel hervorruft, mit Interesse zu begegnen, so offenbart sich das Sinneserlebnis in einer neuen Qualität. Dasselbe gilt selbstverständlich auch für angenehme, sympathische Erlebnisse. Der Wohlgeruch der Rose bleibt so lange ein bloßes Gefühlserlebnis, bis er sich in die Erkenntnis der Rose und in die Erkenntnis meiner Konstitution, der er so wohl tut, verwandelt hat. Die Verwandlung der Selbsterfahrung wird zu einer wesentlichen Brücke zur Verbindung des Gefühlslebens mit dem Erkenntnisleben.

Die Metamorphose des Lernens durch Nachahmung

Die Verbindung einer Erkenntnis mit dem Fühlen führt noch immer nicht zum Handeln. Erst wenn auch der Wille in Tätigkeit versetzt wird, bewegt sich etwas in der Welt: «Es gibt nichts Gutes, außer man tut es!» sagt Erich Kästner und lokalisiert damit das

Gute im Willen. Das Sprichwort «Der Weg zur Hölle ist mit guten Vorsätzen gepflastert» bezeichnet wie im Spiegelbild dazu die Quelle des Bösen als die Einseitigkeit des Vorstellungs-Erkenntnis-Lebens gegenüber der entschlossenen Tat.

Wir haben die Überführung der Sinneseindrücke in Bewegungs- und Organbildungsimpulse als Phänomen der Nachahmung während des ersten Lebensjahrsiebtes kennengelernt. Das Lernen durch Nachahmung hat aber auch für den Erwachsenen nach wie vor eine entscheidende, oft verkannte Bedeutung. Gerade bei der Erlernung praktischer, im besonderen handwerklicher oder sprachlicher Fähigkeiten spielt sie eine entscheidende Rolle. Auch im «Nachdenken» eines Gedankens entdecken wir einen Nachahmungsvorgang. Gleichwohl hat die bloße Nachahmung für das Lernen des Erwachsenen etwas Problematisches, denn die Urteilsbildung über die Rechtmäßigkeit und Moralität der Tat ist durch die reine Nachahmung nicht gegeben. Durch unbewußte Nachahmung wäre auch die Trennung von Erkenntnis und Wille keineswegs überwunden. Der Erwachsene metamorphosiert die Nachahmung äußerer Handlungen, indem er seinen eigenen Erkenntnisprozeß und Erkenntnisinhalt nachahmt. Die Frage ist: «Wie kann man Erkenntnisse nachahmen?» Die entscheidende Brücke bildet hierbei die Entdeckung Rudolf Steiners, daß Bewußtseinsprozesse metamorphosierte Lebensprozesse sind. C. van Houten hat diese Entdeckung auf den Lernvorgang angewendet und beschreibt den Lernweg des Erwachsenen in sieben, den Lebensprozessen entsprechenden Schritten (C. van Houten 1996).

Tabelle 3   Lebensprozesse nach Rudolf Steiner und Lernprozesse
nach C. van Houten

Lebensprozeß	*Lernprozeß*	
Atmung	Wahrnehmen und erinnern	Einen Gedanken (den eigenen oder einen fremden) aufnehmen und wiedergeben
Wärmung	Sich verbinden	Das Sympathische oder das Anstößige herausgreifen, damit warm werden
Ernährung	Verarbeitung	Das Für und Wider abwägen, diskutieren, analysieren, Einwände und Ergänzungen hinzufügen
Absonderung	Individualisierung	Das Wesentliche herausfinden, Prioritäten setzen, sich für oder gegen etwas entscheiden
Erhaltung	Üben	Sich den Gedanken wiederholt vornehmen, ihn pflegen, sich eingewöhnen. Seine Fruchtbarkeit immer neu an der Wirklichkeit prüfen
Wachstum	Wachsende Fähigkeiten	Den Gedanken über Nacht wirken lassen und seine Verwandlungen und neuen Bezüge wahrnehmen. Am Widerstand der Übungen wachsen
Reproduktion	Neues schaffen	Der Gedanke ist zur Fähigkeit geworden und wird schöpferisch in der Lebenspraxis ausgedrückt

Der Prozeß der Einverleibung der Außenwelt in den eigenen Willen, wie wir ihn von der Nachahmung des Kindes kennen, wird hier bezogen auf einen Erkenntnisinhalt realisiert. Bei genauer Betrachtung liegt der Gedankenbildung die oben beschriebene Schrittfolge schon zugrunde. Damit wird hier ein Lernverfahren bewußt angewendet, das ohne jede Willkür unmittelbar aus dem Denkprozeß herausgearbeitet werden kann. Ein auf diese Weise zustande gekommener Gedanke hat nicht mehr die Blässe und Kälte einer intellektuellen Vorstellung, sondern offenbart seine eigene Willensnatur. Denken ist eben auch wirklichkeits*schaffende* Willenstätigkeit, nicht nur Spiegelbild der Wirklichkeit.

Lernen durch Nachahmung, Erfahrung und Erkenntnis in der Berufsausbildung

Alle Berufe haben einen handwerklich-praktischen, einen Beziehungs- und einen Entwicklungsaspekt. Je nach Berufsfeld sind diese Felder unterschiedlich akzentuiert. In helfenden Berufen dürfte der Beziehungsaspekt die bedeutendste Rolle spielen. In therapeutischen Berufen wird der Entwicklungsaspekt im Vordergrund stehen, da jede Therapie im Idealfall neu am Patienten wenn nicht entwickelt, so doch individualisiert werden muß. In den pflegenden Berufen wird neben dem Beziehungsaspekt auch der handwerklich-praktische Bereich größeren Raum einnehmen.

Die Berufsausbildung kann sich auch in der Wahl der Unterrichtsmethoden an diesen Schwerpunkten orientieren. Dabei werden praktisch-handwerkliche Fähigkeiten am schnellsten und nachhaltigsten durch Methoden, die das Nachahmungselement in den Vordergrund stellen, gelernt werden können. Das moralisch-ethische Paradigma des Lernens durch Nachahmung ist die Anerkennung der (Natur-)Gesetzlichkeit. Werden die Regeln der Kunst verletzt, so ahndet die Wirklichkeit den Fehler unerbittlich.

Beziehungsfähigkeiten brauchen Empathie. Mitgefühl entwickelt sich aus der Metamorphose selbst empfundenen Leides, aus Erfahrungen, die gleichsam zu Wahrnehmungsorganen umgebildet wurden. Das Lernen durch Selbsterfahrung wird hier zum überzeugendsten didaktischen Element. Im Bereich menschlicher Beziehungen sind Tugenden die wesentliche moralisch-ethische Orientierung. Aufrichtigkeit, Ehrlichkeit, Großmut, Bescheidenheit, Diskretion und so weiter sind Ideale, die hier ausgebildet werden, als Frucht des Sich-selbst-in-ein-tätiges-Verhältnis-zur-Mitwelt-Setzens.

Um Fähigkeiten im handwerklichen Bereich und auf der Beziehungsebene weiterzuentwickeln oder situativ sinnvoll und geistesgegenwärtig anzuwenden, ist das Lernen aus Erkenntnis unabdingbar. Wird das Erkenntnisstreben in der oben angedeuteten Weise mit dem Gefühls- und Willensleben verbunden, durchdringt es sich mit ethisch-moralischen Werten. Die Würde des Menschen, Liebe, Freiheit, Brüderlichkeit, werden jenseits der metaphysischen Spekulation zum Wahrnehmungs- und Erkenntnisgegenstand.

Handwerkliches Geschick, Beziehungsfähigkeit und die Erkenntnis moralischer Grundwerte sind die Voraussetzung für freies Handeln. Handwerkliches Geschick überwindet den Widerstand der physischen Welt, Beziehungsfähigkeit führt zum Respekt vor den Willensintentionen des anderen, Erkenntnisstreben mündet in die Liebe zur Tat. Die Berufsausbildung wird, indem sie die Grundelemente des Lernens der ersten drei Jahrsiebte aufgreift und veredelt, zu einer Schule des ethischen Individualismus.

Tabelle 4   Lernformen

Handwerklich-praktische Tätigkeiten	*Beziehungsfähigkeiten*	*Entwicklung*
Lernen durch Nachahmung	Lernen durch Selbsterfahrung	Lernen durch Erkenntnis
Gesetzesethik	Tugendethik	Werteethik
Als Grundlage für den ethischen Individualismus		

Literatur

van Houten, Conrad (1996): Erwachsenenbildung als Willenserweckung. Stuttgart: Freies Geistesleben.
Steiner, Rudolf (1978): Die Philosophie der Freiheit. GA 4. Dornach: Rudolf Steiner Verlag.

Herbstsonne, 1936

Michaela Glöckler

Michaela Glöckler hat durch ihre Berufstätigkeit als Kinderärztin und ihre weltweite Vortragstätigkeit im Zusammenhang mit der Leitungsaufgabe für die Medizinische Sektion am Goetheanum viele Gespräche im Umkreis ethischer Fragestellungen geführt. Die hier wiedergegebenen Beispiele führen zurück auf das Anfangsmotiv dieses Buches: In der Begegnung im Gespräch, im Fragen und Antworten, im gemeinsamen Bewegen können Momente des Verstehens aufleuchten oder Perspektiven erscheinen, die wieder ein Stückchen weiterhelfen.

«Kenntnisse und Techniken lassen sich vermitteln –
Humanität erzeugt sich nur selbst in jedem Einzelnen.»

Karl Jaspers

FRAGEN
IM UMKREIS DER ETHIK

Die Flut an Literatur zum Thema Ethik zeigt das Ausmaß der Orientie-
rungslosigkeit und Unsicherheit auf diesem Gebiet an. Wie kann den Ge-
fahren begegnet werden, durch moralisierende Wiederholungen allgemeiner
Grundsätze aus anerkannten Weltanschauungen und Religionen letztlich
doch nur Ideologie und Fanatismus zu fördern oder moralische Normen und
Werte so gründlich in Frage zu stellen, daß schließlich alle Moralvorstel-
lungen wanken und jeder gegen jeden steht?

Diese Gefahren sind unvermeidlich. Sie liegen in der
menschlichen Natur selbst begründet. Jeder Lernprozeß
vollzieht sich so, daß zunächst eine äußere Vorgabe oder
innere Vorstellung, wie es zu sein hat, da sind und dann erst
der Prozeß der Aneignung beziehungsweise Realisierung
beginnt, bis zuletzt die Fähigkeit erarbeitet ist und für

mögliche – freie – Handlungen zur Verfügung steht. Auf
der anderen Seite hat der Mensch vom Kleinkindalter an
– beginnend mit der Trotzphase – die Möglichkeit der Weigerung, des Neinsagens. Er kann sich Vorbildern, Vorschlä-
gen, Lernzielen, ja selbst der eigenen Gewissensstimme
widersetzen und damit alles Vorgegebene relativieren und
außer Gefecht setzen. So führt ein unreflektiertes, nicht
selbst wirklich eingesehenes und bewußt gesagtes «Ja» in
den emotionsgetragenen Fanatismus kollektiv gefühlter
Werte, die sich nur weniger Schlagworte bedienen müssen,
um wirksam zu sein. Wohingegen das nicht durch konstruktive eigene Vorschläge ausgeglichene «Nein» nur zur
Zersplitterung und Zerstörung der bestehenden Verhältnisse führt – ohne sinnstiftende Perspektive. Daher kann
eine Ethik der Konstruktivität und des Friedens nur eine
Freiheitsethik sein, in der die Erweckung und Pflege von
Mitleid und Liebe im Zentrum von Erziehung und Selbsterziehung steht. Nur in der Liebe läßt sich der Kampf
zwischen eigenem Wollen und Fremdbestimmung men-
schenwürdig lösen, da sie freiwillig und verbindlich zugleich ist.

*Im christlichen Kulturbereich lebt häufig noch die Vorstellung, Gott habe
den Menschen verboten, vom Baum der Erkenntnis des Gut und Böse zu
essen, und daß daher gerade der Anspruch des Menschen, selbst zu entscheiden, was Gut und Böse ist, nicht Gottes Wille, sondern der Absicht des
Teufels entspräche.*

Diese Auffassung ist für mich von jeher nur im Kontext alt-
testamentlicher Vorstellungen nachvollziehbar gewesen. Im
Johannes-Evangelium lese ich etwas anderes, Neues: «Gott
ist Geist, und die ihn anbeten, müssen es mit der Kraft des
Geistes und in der Erkenntnis der Wahrheit tun» (4,24);
oder: «Hört auf, nach dem äußeren Schein zu urteilen, geht
vielmehr den Dingen auf den Grund und bildet dann Euer
Urteil» (7,24); oder: «Wenn ihr in meinem Wort Leben und
Dauer finden könnt, so seid ihr wirklich meine Jünger und
ihr werdet die Wahrheit erkennen und die Wahrheit wird
euch zur Freiheit führen» (8,32); und schließlich: «Der Vater fällt über niemand die Entscheidung. Er hat vielmehr
alle Schicksalsentscheidung dem Sohn übertragen» (5,22).
Ich kann an keiner Stelle im Neuen Testament herauslesen,
daß Christus das Verbot des Vaters, Gut und Böse zu erkennen und zu unterscheiden, wiederholt. Das einzige – wirklich neue – Gebot zwischen Gott und Mensch und unter
Menschen ist dasjenige der Liebe. Dieses Gebot aber ist mit
selbständiger Wahrheitssuche und Erkenntnisfreiheit vereinbar, ja, es zeigt sich die größtmögliche Liebe Gottes gerade darin, daß er unsere Freiheit will und Christus den
Weg dieser Freiheit, gebunden an Ohnmacht und die innere Überwindung und Erlösung des Bösen, auch für sich
selber wählt. Dadurch ist – und erst seitdem – der Mensch
in der Lage, die Metamorphose zu vollziehen von einem
abhängigen Geschöpf zu einem aus Erkenntnis und in Freiheit handelnden. Die Gebote der vatergöttlichen Welt ha-

ben ihre erzieherische Wirkung nicht eingebüßt. Für die Krise jedoch, die das Mündigwerden des Menschen hervorruft, steht das Neue Testament mit seiner neuen Botschaft. Die erwachsene Menschheit hingegen, der die Zukunft gehört, steht mehr und mehr im Zeichen des Heiligen Geistes. Erst die vom einzelnen Menschen in Freiheit und Liebe errungene Mitmenschlichkeit befähigt uns, im sozialen Netzwerk das Gute, Heilende und damit auch Heilige zu tun.

Aber da gibt es keine klaren Gebote und Vorgaben mehr, und das widerstrebt dem bequemen Hang zur Unselbständigkeit vieler Menschen. Um so nötiger erscheint es mir deshalb, über einen Führungsstil nachzudenken, der zukunftsorientiert ist. Es ist dies eine der wichtigsten sozialethischen Fragen der Gegenwart. Warum ist denn das Thema Führung – insbesondere auf dem Gebiet des heute sozial dominierenden Wirtschaftslebens – so im Vordergrund? Weil der Einzelne sich mehr oder weniger bewußt gegen jede Form von Fremdbestimmung auflehnt und daher Führung nur noch dort akzeptiert, wo er ihre Berechtigung beziehungsweise Befähigung einsieht. Sonst gibt es Ärger, Kränkung, Rückzug und Dienst nach Vorschrift. Führungsfragen sind nicht nur Machtfragen, sondern auch Einsichtsfragen und Fragen freiwilliger Hingabe und Dienstleistung für andere.

Wie steht die Anthroposophie zur Ethik?

Anthroposophie versteht sich als Geisteswissenschaft, das heißt als Wissenschaft von dem, was der menschlichen und kosmischen Entwicklung geistig innewohnt. Damit fördert sie eine Lebenshaltung, die der Erkenntnis des Geistigen verpflichtet ist. Das Besondere von Rudolf Steiners Geistesforschung liegt darin, daß er die Beschreibung übersinnlicher Wesen und ihrer Wirksamkeit in Natur und Mensch bis in den Bereich der Naturerscheinungen geführt hat, aber nicht in Form von mystischen Schauungen oder medialen Channel-Botschaften, die man nur schwer einordnen kann und die daher die Gefahr von Unsicherheit und Unfreiheit bergen. Vielmehr prägte er seine Einsichten und Forschungsergebnisse in Gedanken, die jeder nachdenken und an seiner eigenen Lebenserfahrung überprüfen kann. Hinzu kommt ein sorgfältig ausgearbeiteter meditativer Schulungsweg, wie man selber zu geistigen Erkenntnissen kommen kann. Daher ist Anthroposophie kein Gegenstand des Glaubens, sondern des Wissens und damit eine mögliche Voraussetzung, sich aufgrund dieser Erkenntnisse eine vertiefte ethisch-moralische Lebenshaltung anzueignen (vgl. Steiner GA 10).

Ist das Sprechen von geistigen Wesen nicht Ausdruck eines vorwissenschaftlichen Bewußtseins, das heißt Mythologie?

Diese Ansicht gehört zu den Dogmen der materialistischen Weltanschauung. Viele Lebenserfahrungen bis hin zu der

Kraft und Wirksamkeit, die Gedanken, Worte und Gefühle als spirituelle Kräfte besitzen, sprechen gegen diese Annahme. Auch die Fülle der sogenannten Nahtodeserlebnisse zeugt von der Möglichkeit eines Erwachens im Seelen- und Geistorganismus – außerhalb des physischen Leibes und des daran gebundenen Gegenstandsbewußtseins. So wie man von guten und bösen Gedanken sprechen kann, so kann man auch von aufbauenden und zerstörenden Wesen sprechen, die sich in der menschlichen Seele in Form von Gedanken, Gefühlen und Handlungsmotivationen kundgeben können – in besonderen Lebensaugenblicken oder im Zustand sogenannter Hellsichtigkeit auch verstärkt als konkrete innere Erscheinung.

In der Theologie des Christentums wird Christus beschrieben als aus Gott hervorgegangen und unter den Menschen gestorben und auferstanden. Er ist konkret wesenhaft beschrieben. Philosophisch läßt sich derselbe Sachverhalt so darstellen: Jeder einzelne Mensch sagt zu sich selber «Ich». Dieses Selbstbewußtsein ist vorläufig, ist ein sichtbares Geschenk der Natur und der in ihr wirksamen Gesetze und Gedanken. Die Menschheit als Ganzes ist inzwischen so weit entwickelt, wie es der jüngere Erwachsene in der individuellen Biographie ist, der sich selbst in Frage stellt und durch das Nadelöhr des eigenen «Stirb und werde» geht. Diesen inneren Vorgang hat man von jeher in der esoterischen Tradition als «zweite Geburt» bezeichnet. Sie wurde in alten Zeiten nur wenigen zuteil und auch nur unter strengster Aufsicht und Prüfung durch Priester und Initiatoren. Es war kein Entwicklungsweg für den normalen Sterblichen. Das ist heute anders. Jeder, der es ernstlich will, kann an seiner zweiten Geburt arbeiten. Diese führt zu einer bewußt errungenen menschlichen Identität, durch die man immer klarer weiß, wer man ist und was es heißt, Mensch zu werden, ein Ich zu haben. Diesen ewigen Wesenskern in sich selbst aufzuspüren und in jedem anderen Menschenwesen zu schützen und zu achten, ist dann das Gute, das vom Menschen ausgehen kann.

Es ist die Schwäche der aristotelischen Philosophie, daß sie keine Begriffe für die vorgeburtliche Existenz des Menschen gebildet hat und damit die Vorbereitung des Materialismus entscheidend mitbesorgt hat. Nicht Veranlagung und Erziehung allein – wie Aristoteles sagt – prägen den Charakter eines Menschen, sondern das, was sich in den verschiedenen Menschenschicksalen als *reale Beziehung von Wesen zu Wesen abspielt*. Ein durch viele Erdenleben hindurch gereifter Mensch kann auch unter schwierigsten Milieuverhältnissen und im Ringen mit einem dekadent gewordenen Erbgut dennoch Großes leisten und zu seiner Menschlichkeit hindurchfinden, ganz abgesehen von den vielen in der Resilienzforschung dokumentierten Beispielen, die belegen, in wie hohem Maß eine geglückte Beziehung im Umkreis des Kindes dessen Schicksal wenden kann (vgl. Opp u. a. 1999).

Wie hängen sogenannte böse und gute Wesenheiten mit der menschlichen Natur zusammen?

Wer beobachtet, wie kleine Kinder in den ersten drei Lebensjahren sich entwickeln, kann das Christuswort aus dem Johannesevangelium lebhaft vor Augen haben: «Ich bin der Weg und die Wahrheit und das Leben» (14,6). Das Gehen-, Sprechen- und Denkenlernen sind die charakteristischen Entwicklungsschritte in den ersten drei Lebensjahren und zugleich Grundlage aller menschlichen Kulturarbeit, zu der der freie Gebrauch von Bewegung, Sprache und Denken die Voraussetzung schafft. Das sogenannte Böse tritt auf, wenn der Mensch in Einseitigkeiten verfällt und das Gleichgewicht nicht halten kann zwischen den extremen Ausdrucksformen seiner Natur. So kann er sich durch seine Intelligenz blenden lassen und in Arroganz und Selbstüberschätzung verfallen. Auf der anderen Seite kann er seine Stärke, seine Fähigkeiten und damit auch seine Macht mißbrauchen, indem er andere in Abhängigkeit bringt und in ihrer Entwicklung behindert. Das sogenannte Böse ist an sich ein Gutes – eine sinnvolle menschliche Eigenschaft –, nur daß es unvermittelt und am falschen Platze wirkt. Daher ist jede Form ehrlicher Selbsterkenntnis immer zugleich auch Anfang heilender, friedenstiftender Tätigkeit. Die Mächte des Bösen, die im Neuen Testament «Satan» und «Diabolos» genannt werden, nennt Rudolf Steiner in der Anthroposophie «Ahriman» und «Luzifer». Luzifer wirkt nicht nur in jeder illusionären Selbstüberschätzung, sondern auch in dem elementaren Bedürfnis des Menschen, alles richtig zu machen und sich keine Fehler zuschulden kommen zu lassen, und wo sie doch geschehen, diese nach Möglichkeit zu vertuschen. Wie christlich ist es hingegen, Fehler zuzugeben, sich und anderen zu verzeihen, Toleranz zu entwickeln und dennoch nicht bequem zu werden und alles laufen zu lassen, sondern sich vielmehr ehrlich anzustrengen und immer wieder neu das Beste zu versuchen!

So wie Luzifer primär über unser bewußtes Gedanken- und Gefühlsleben wirkt, so Ahriman über das unbewußte Willens- und Emotionsleben. Er inspiriert uns, unsere animalische Seite hemmungslos auszuleben, die Bequemlichkeit zu suchen und die technische Entwicklung so zu lenken, daß der Mensch immer mehr zum genüßlichen Zuschauer wird und selbst gar nicht mehr aktiv in die Geschehnisse eingreift. So kann Ahriman seine Macht in vielen Dingen geltend machen, die uns heute beherrschen und zwingen und dennoch so stark dem Bewußtsein entzogen sind. So bemerkt man kaum mehr, daß man es gar nicht mehr selber ist, der die Ereignisse lenkt. Ahriman wirkt auch in den anonymen Geldflüssen, den Sachzwängen, den technischen Notwendigkeiten (vgl. Steiner GA 193).

Wer beginnt, sich mit der Realität sogenannter böser und guter Wesen auseinanderzusetzen, lernt bald, daß man das Böse nicht fliehen kann, da es ein Teil unserer eigenen Natur ist — «ein Teil von jener Kraft, die stets das Böse will und doch das Gute schafft», wie Goethe zu Faust sagt. Es besteht vielmehr die Aufgabe, die Kräfte des Bösen in den Dienst des Guten zu stellen. Und dies ist in dem Maße möglich, wie das Böse als solches erkannt und die Art seiner Wirksamkeit durchschaut und ausgeglichen wird. Christian Morgenstern hat ein Gedicht geschrieben, das er der studentischen Jugend gewidmet hat. Es handelt von der Überwindung des Bösen durch die Kraft der Liebe:

«*Brüder*»

«Brüder» – Hört das Wort!
Soll's ein Wort nur bleiben?
Soll's nicht Früchte treiben
fort und fort?

Oft erscholl der Schwur!
Ward auch oft gehalten –
doch in engem, altem
Sinne nur.

Oh, sein neuer Sinn!
Lernt ihn doch erkennen!
Laßt doch heiß ihn brennen
durch euch hin!

Allen Bruder sein!
Allen helfen, dienen!
Ist, seit ER erschienen,
Ziel allein!

Auch dem Bösewicht,
der uns widerstrebet!
Er auch ward gewebet
einst aus Licht.

«Liebt das Böse – gut!»
lehren tiefe Seelen.
Lernt am Hasse stählen
Liebesmut!

«Brüder» – Hört das Wort!
Daß es Wahrheit werde –
und dereinst die Erde
Gottes Ort!

Es ist doch gar nicht möglich, alle Menschen zu lieben

Die *geistige* Form der Liebe ist das Verstehen, das sich jedem
Ding sowie jedem Menschen zuwenden kann. Ein per-
sönliches, ehrliches Gefühl der Liebe kann sich jedoch erst
einstellen, wenn es gelingt, persönliche Sympathien und
Antipathien durch den Prozeß des Verstehens so weit zum
Schweigen zu bringen, daß die eigenen Stimmungen von
Verletztheit, Haß oder Gleichgültigkeit durch ein inneres
Loslassen, Freigeben, Öffnen oder auch Vergeben gegangen
sind. Es ist eine innere Arbeit, die im Falle von schwierigen
Lebenssituationen und Erfahrungen oft viele Jahre dauert.
Erst wenn es gelingt, sich mit der Entwicklung des Ande-
ren positiv zu verbinden, sein Werden und seine Autonomie

voll zu bejahen, wird echte Wesensbeziehung möglich und damit auch eine dauerhafte Beziehung mit der tragenden Qualität der Liebe.

Wie läßt sich denn die Tatsache, daß der Schöpfung ein Ziel innewohnt, das schon vorausbestimmt ist, mit der Freiheit des Menschen vereinbaren?

Diese Tatsache läßt sich nur dann mit der individuellen Freiheit vereinbaren, wenn dieses gottgewollte Ziel menschlicher Entwicklung die Liebe selber ist. Denn nur dann fallen Freiheit als vorgegebenes – notwendiges – Entwicklungsziel und Liebe als Kraft höchster Freiwilligkeit in eins zusammen. Damit aber sind sie miteinander vereinbar. Steiner hat in seinem Nürnberger Vortragszyklus zur Apokalypse ausgeführt (Steiner GA 104): «Je mehr der Mensch individuell wird, desto mehr kann er Liebeträger werden. Wo das Blut die Menschen zusammenkettet, da lieben die Menschen aus dem Grunde, weil sie durch das Blut hingeführt werden zu dem, was sie lieben sollen. Wird dem Menschen die Individualität zuerteilt, hegt und pflegt er den Gottesfunken in sich, dann müssen die Impulse der Liebe, die Wellen der Liebe von Mensch zu Mensch gehen aus freiem Herzen heraus. Und so hat der Mensch mit diesem neuen Impuls das alte Band der Liebe, die an das Blut gebunden ist, bereichert. Die Liebe geht nach und nach über in die geistige Liebe, die von Seele zu Seele fließt, die zuletzt die ganze Menschheit umfassen wird mit einem gemeinschaftlichen Band allgemeiner Bruderliebe. (…) Während so die frühere Einweihung eine

Einweihung in die Vergangenheit, in uralte Weisheit ist, geht die christliche Einweihung dahin, dem Einzuweihenden die Zukunft zu enthüllen. Das ist das Notwendige, daß der Mensch nicht nur eingeweiht wird für seine Weisheit, für sein Gemüt, sondern daß er eingeweiht wird für seinen Willen. Denn dadurch weiß er, was er tun soll, daß er sich Ziele setzen kann für die Zukunft. Der sinnliche Alltagsmensch setzt sich Ziele für den Nachmittag, für den Abend, den Morgen. Der geistige Mensch vermag aus den geistigen Prinzipien heraus ferne Ziele sich zu setzen, die seinen Willen durchpulsen, seine Kräfte lebendig machen. So der Menschheit Ziele setzen, das heißt im wahren, höchsten Sinn, im Sinn des ursprünglichen christlichen Prinzips, das Christentum esoterisch erfassen. So hat es derjenige verstanden, der das große Prinzip der Einweihung des Willens geschrieben hat, der die Apokalypse geschrieben hat. Man versteht die Apokalypse schlecht, wenn man sie nicht versteht als den Impulsgeber für die Zukunft, für das Handeln, für die Tat.» Und im Vortrag vom 25. Juni zum selben Thema ergänzt er: «Das ist ja gerade die Erdenmission, die sich durch die Liebe ausdrückt, daß das Ich dem Ich frei gegenüberstehen lernt. Keine Liebe ist vollkommen, die hervorgeht aus Zwang, aus dem Zusammengekettet-Sein. Einzig und allein dann, wenn jedes Ich so frei und selbständig ist, daß es auch nicht lieben kann, ist seine Liebe eine völlig freie Gabe. Das ist sozusagen der göttliche Weltenplan, dieses Ich so selbständig zu machen, daß es aus Freiheit selbst dem Gott die

Liebe als ein individuelles Wesen entgegenbringen kann. Es
würde heißen, die Menschen an Fäden der Abhängigkeit zu
führen, wenn sie irgendwie zur Liebe, wenn auch nur im
Entferntesten, gezwungen werden könnten. So wird das Ich
das Unterpfand sein des höchsten Zieles der Menschen. So
ist es aber zu gleicher Zeit, wenn es nicht die Liebe findet,
wenn es sich in sich verhärtet, der Verführer, der ihn in den
Abgrund stürzt. Dann ist es dasjenige, was die Menschen
voneinander trennt, was sie aufruft zum großen Krieg Aller
gegen Alle, nicht nur zum Krieg der Völker gegen die Völker. (…) Das Höchste, das uns gegeben werden kann, ist die
Botschaft von Christus Jesus. Wohl müssen wir sie aufnehmen und nicht bloß mit dem Verstand. Wir müssen sie in
unser Innerstes aufnehmen, wie man die Nahrung im physischen Leibe aufnimmt.»

In welchem Verhältnis steht der christliche Charakter der Anthroposophie
zu anderen Religionen?

Der christliche Charakter der Anthroposophie ist ihr durch
und durch allgemein-menschlicher Zug. Schaut man vom
Gesichtspunkt der Anthroposophie auf die christliche Religion, so wird der Christus hier zum Menschheitsreprä-
sentanten, das heißt zum zentralen Gotteswesen, das der
ganzen Menschheit innewohnt. Diese innere Verbindung
eines jeden Menschen zu Gott findet in den anderen Religionen andere Namen. Entscheidend ist jedoch, ob die verschiedenen Namen sich auf dasselbe Wesentliche beziehen:

die innere Verbindung des Menschen zu Gott beziehungsweise das Erleben des Göttlichen in der eigenen Seele als
wahres, höheres Selbst. Was mich an der Anthroposophischen Gesellschaft besonders freut, ist, daß dort Menschen
jüdischen Glaubens, Buddhisten, Shintoisten, Islamisten
und viele andere Glaubens- und Weltanschauungsrichtun-
gen vertreten sind. Durch den auf das allgemein Menschliche und konkret Spirituelle ausgerichteten Charakter dieser Form der Geisteswissenschaft kann jede Religion und
jede Weltanschauung für sich selbst zusätzliche Erkenntnisse aus der Anthroposophie gewinnen.

Wie kann eine kultur- und religionsübergreifende Ethik gedacht werden?
Noch heute liefern sich doch gerade religiöse Gruppierungen unterschied-
licher ethischer Haltungen die erbittertsten Kämpfe. Was kann dafür getan
werden, daß eine neue, multikulturelle Ethik, eine gleichsam internationale
Moral zustande kommt, deren Kern letztlich auch mit jedem religiösen
Bekenntnis übereinstimmt?

Oft wird primär nur gefragt, woher gute und böse Neigungen kommen. Man meint, wenn man den Ursprung kennt,
so habe man auch die Mittel zur Prävention in der Hand.
Viel entscheidender ist es jedoch, zu fragen: «Wie finde ich
das Gute?» «Was muß ich tun, um aus meiner Einseitigkeit,
aus meinem Sosein heraus und zum Verständnis anderer
Menschen und Gewohnheiten und Kulturen hin zu gelangen?» Ohne aktives Interesse vieler Menschen aus den
verschiedenen Gruppierungen wird es nicht gehen, denn

Emotionen und religiöser Fanatismus lassen sich nur durch geduldige Erkenntnisarbeit heilen, indem ehrliches Interesse an der anderen Art des Denkens und Fühlens erwacht. Es ist nicht schwer, den gemeinsamen ethischen Grundzug in den religiösen Systemen und Philosophien zu finden. Ich habe mich eine Zeitlang mit verschiedenen Weltanschauungen und Religionen befaßt und war bestürzt, wie sie einander ähneln, wenn man auf die wesentlichen Entwicklungsrichtungen und Erkenntnishaltungen schaut, die dort beschrieben sind.

Man findet eigentlich nur Unterschiede darin, wie weit und wie ausführlich der menschliche Übungs- und Entwicklungsweg beschrieben wird und wie er formuliert wird. Würden die Weltreligionen gegen Ende der Schulzeit gründlich behandelt und auch Weltanschauungsfragen in den – meist multikulturell zusammengesetzten – Schulklassen offen und engagiert besprochen, so wäre dies der Anfang eines Netzwerks des Interesses für den anderen und eines Auffindens gemeinsamer und verbindender Aspekte. Eine international gültige Ethik muß sich mit dem allgemein Menschlichen und damit auch jedem Menschen zugänglichen Grundhaltungen und Wertvorstellungen auseinandersetzen.

Ich habe immer wieder Umfragen gemacht auf meinen Reisen und herausgefunden, daß die drei Kernideale: Wahrhaftigkeit für das Erkenntnisleben, Liebe für das Gefühlsleben und Autonomie, Freiheit für das Willensleben solche netzwerkbildenden Grundideale sind, die wirklich alle Menschen berühren. Ich habe noch niemanden getroffen, für den nicht mindestens eines dieser drei *der* Zentralbegriff menschlicher Würde ist. Ich selbst habe bemerkt, daß keines dieser drei Ideale ohne das andere realisiert werden kann, denn wie ethisch wertvoll wird eine Wahrheit erlebt, die lieblos und machtausübend auftritt? Was ist Liebe ohne Ehrlichkeit und Freiheit? Und wie sieht Freiheit aus, die mit Lüge und Lieblosigkeit gepaart ist? In diesem Sinne wäre an den Erkenntnisgrundlagen echter Menschlichkeit zu arbeiten.

Was sagt die Anthroposophie zu den brennenden Medizin-ethischen Fragen unserer Zeit, zum Beispiel zur Organtransplantation und zur Sterbeethik?

Die Anthroposophie hat zu diesen Fragen keine generelle Meinung. Sie vermittelt vielmehr Erkenntnisse und Einsichtsmöglichkeiten, aufgrund deren sich jeder seine individuelle Stellungnahme erarbeiten kann. So ist in den letzten Jahren eine beträchtliche Anzahl von Publikationen zu diesen Themen erschienen, die zeigen, daß sich Anthroposophen intensiv mit diesen Zeitfragen auseinandersetzen. Entscheidend dabei ist jedoch, daß wir uns diese neuen tiefgreifenden ethischen Fragen nicht von Autoritäten beantworten lassen – auch nicht von «der Anthroposophie». Sie kann uns zwar unendlich viel bewußt machen und beleuchten. Den Weg zum selbstverantworteten Handeln müssen / dürfen / können wir jedoch nur selber gehen.

Literatur zu Themen der Ethik

Bavastro, P. (1994): Anthroposophische Medizin auf der Intensivstation. Historische Hintergründe. Schlaf – Narkose – Hirntod – Organtransplantation. Dornach: Verlag am Goetheanum.

Bavastro, P. (Hrsg.) (1997): Individualität und Ethik (Stuttgarter Gespräche Band I); (1999) Gesundheit und Krankheit (Stuttgarter Gespräche Band II); (2001) Individualität, Mensch und Technik (Stuttgarter Gespräche Band III). Stuttgart: Urachhaus.

Burckhardt, M. (2001): Organtransplantation und Individualität zwischen Selbstbestimmung und Schicksal. Borchen: Möllmann.

Glöckler, M. (1993): Medizin an der Schwelle. Dornach: Verlag am Goetheanum.

Glöckler, M. u. Heine, R.: Ethik des Sterbens – Würde des Lebens. Geistige, rechtliche und wirtschaftliche Fragen zum Altwerden, Sterben und nachtodlichen Leben (in Vorbereitung).

Heisterkamp, J. (1997): Wissen oder Weisheit. Ethik im biotechnischen Zeitalter. Ostfildern: Ed. Tertium.

Literatur

Morgenstern, Chr. (1966): Wir fanden einen Pfad. Gedichte. München: Piper.

Opp, Fingerle, Freytag (Hrsg.) (1999): Was Kinder stärkt. Erziehung zwischen Risiko und Resilienz. München: Reinhardt.

Steiner, R. (1993): Wie erlangt man Erkenntnisse der höheren Welten? GA 10. Dornach: Rudolf Steiner Verlag.

Steiner, R. (1985): Die Apokalypse des Johannes. GA 104. Dornach: Rudolf Steiner Verlag.

Steiner, R. (1998): Der innere Aspekt des sozialen Rätsels. Luziferische Vergangenheit – ahrimanische Zukunft. GA 193. Dornach: Rudolf Steiner Verlag.

Und führe mich nicht in Versuchung, 1935

«Daß ich immer vorwärts, nie rückwärts gehe, daß meine
Handlungen immer mehr der Idee ähnlich werden, die
ich mir von der Vollkommenheit gemacht habe, daß ich
täglich mehr Leichtigkeit fühle, das zu tun, was ich für recht
halte, selbst bei der Schwäche meines Körpers, der mir so
manchen Dienst versagt; läßt sich das alles aus der menschlichen Natur, deren Verderben ich so tief eingesehen habe,
erklären? Für mich nun einmal nicht. Ich erinnere mich kaum
eines Gebotes; nichts erscheint mir in Gestalt eines Gesetzes;
es ist ein Trieb, der mich leitet und mich immer recht führet;
ich folge mit Freiheit meinen Gesinnungen, und weiß so
wenig von Einschränkung als von Reue.
Gott sei Dank, daß ich erkenne, wem ich dieses Glück
schuldig bin, daß ich an diese Vorzüge nur mit Demut
denken darf. Denn niemals werde ich in Gefahr kommen,
auf mein eigenes Können und Vermögen stolz zu werden,
da ich so deutlich erkannt habe, welch Ungeheuer in jedem
menschlichen Busen, wenn eine höhere Kraft uns nicht
bewahrt, sich erzeugen und nähren könne.»

Johann Wolfgang von Goethe: *Wilhelm Meisters Lehrjahre.* Sechstes Buch.
München 1997.

«Niemand kann ein gesundes höheres Selbst gebären,
der nicht in der physischen Welt gesund lebt und
denkt. Natur- und vernunftgemäßes Leben sind die
Grundlage aller wahren Geistesentwicklung.»
Rudolf Steiner

«Nach innen geht der geheimnisvolle Weg.
In dir oder nirgends ist die Ewigkeit mit ihren Welten,
die Vergangenheit und die Zukunft.»
Novalis

WIE LÄSST SICH MENSCHLICHKEIT LERNEN?

Selbsterkenntnis, Selbstentwicklung und Selbsterziehung sind
Worte, die in den letzten zwei Jahrzehnten zunehmend populär
geworden sind, wohingegen sie in den Zeiten davor noch etwas
Elitäres an sich hatten. In einer der vielen Roundtables im An-
schluß an die Ereignisse vom 11. September 2001 wurde von einem Teilnehmer – einem Psychiater – gesagt, wie wichtig es sei,
in solchen Zeiten allgemeiner Verunsicherung und Existenzangst
ganz bewußt auch einmal den Fernseher abzuschalten, die Tages-
zeitung beiseite zu legen, statt dessen Freunde zu besuchen und
«einfach auf Distanz zu gehen». Daraufhin sagte dann sogleich ein
anderer Teilnehmer, daß dies ja wohl leichter gesagt als getan
sei. Wo auch immer wir heute hinschauen – nicht nur bezüglich
der Tagesereignisse, wie sie uns die Massenmedien aufbereiten,
sondern auch bezüglich alledem, was in Spielfilmen und Videos
an Grausamkeit und menschlicher Unzulänglichkeit vorgeführt

wird –, ist zu fragen, wie es eigentlich mit der Menschheit weitergehen solle und wo noch der Sinn für das eigene Leben unter solchen Umständen sei. Manche Nachrichten oder Ereignisse sind von solcher Art, daß sie einem glatt die Lust am Menschsein verderben und man sich voll Angst und Sorge von der Zukunft abwendet und in das Hier und Jetzt stürzt, um wenigstens in der Gegenwart etwas Spaß und Lebensfreude zu haben.

Auch die menschlichen Beziehungen sind vielfach so gestört, belastet oder durch Mißtrauen in Frage gestellt, daß ihre Weiterführung unmöglich erscheint oder gar zum Albtraum wird.

So hat der Beginn von Drogen- und Alkoholmißbrauch und von Selbstmordversuchen oder durchgeführten Suiziden sein Einstiegsalter heutzutage schon ab dem neunten Lebensjahr.

Was vor 200 Jahren nur gedacht wurde als materialistisches Evolutionskonzept, wird heute in seinen Konsequenzen wie am eigenen Leib in seiner ganzen Sinnlosigkeit erlebt: das menschliche Ich und Wesen, der Geist, die Seeleneigenschaften werden als zufällige und vergängliche Resultate molekularer Prozesse angesehen. Die Brutalität einer auf den Kampf ums Dasein reduzierten Evolutionstheorie, welche die Partnerschaft, Brüderlichkeit und gegenseitige Hilfeleistung in der Natur ausblendet, hat ein marktwirtschaftliches Konkurrenzkonzept entstehen lassen, in dem Materialismus und Sozialdarwinismus sich voll ausleben können, mit zum Teil verheerenden Folgen für Mensch und Natur.

Neues Denken über Gesundheit und Menschlichkeit

Daß hier ein neues Denken und Selbstverständnis nötig sind, um grundsätzlich dem mit der sozialdarwinistischen Gesellschaftstheorie verbundenen kulturellen Niedergang gegenzusteuern, steht außer Frage. Das bedeutet aber, daß das Umdenken schon von Kindheit an durch eine ganz anders geartete Pädagogik unterstützt werden muß.

Den Erwachsenen führt es zu der Frage: «Wie kann ich selber die Art meiner Gedankenführung, meiner Empfindungen, meiner Handlungsgewohnheiten ändern und verwandeln – wie kann ich lernen, ein Mensch zu werden, der sich der spirituellen Dimensionen als Quellort echter Menschlichkeit und als Ansporn einer humanen Wissenschaft wieder neu bewußt wird?»

Leo Nefiodow (2000) beschreibt in Anknüpfung an den humanistischen Psychologen Abraham Maslow (1999), daß sich gesunde Menschen durch die folgenden gemeinsamen Merkmale auszeichnen:

- Sie besitzen eine bessere Wahrnehmung der Realität, die Fähigkeit, Menschen und Sachverhalte richtig zu beurteilen.
- Sie können sich selbst, andere und die Natur akzeptieren.
- Sie besitzen Natürlichkeit, Spontaneität und Einfachheit und lassen sich durch Konvention von wichtigen Aufgaben nicht abhalten.
- Sie sind problemorientiert, nicht Ich-orientiert.
- Sie haben ein Bedürfnis nach Privatheit, das heißt, sie können ohne Unbehagen einsam sein.

- Sie sind autonom, aktiv und wachstumsorientiert.
- Sie besitzen eine unverbrauchte Wertschätzung, grundlegende Lebensgüter werden mit Ehrfurcht, Freude, Staunen geschätzt.
- Sie wurden von mystischen Erfahrungen geprägt.
- Sie besitzen Gemeinschaftsgefühl, ein tiefes Gefühl der Identifikation, Sympathie und Zuneigung.
- Sie können die Ich-Grenze überschreiten, haben intensive interpersonelle Beziehungen.
- Sie haben eine demokratische Charakterstruktur und freundlichen Umgang mit Menschen, ungeachtet der Klasse, Rasse, Erziehung und des Glaubens.
- Sie besitzen eine starke ethische Veranlagung, feste moralische Normen. Keine chronische Unsicherheit hinsichtlich des Unterschieds zwischen Richtig und Falsch.
- Ihr Humor ist philosophisch, nicht feindselig, sie lachen nicht über feindselige, verletzende oder Überlegenheitswitze.
- Gesunde Menschen sind ohne Ausnahme kreativ, sie leisten Widerstand gegen Anpassungsdruck.

Bezüglich des Zusammenhangs zwischen Spiritualität und Gesundheit fährt Nefiodow mit einem Zitat von Maslow fort:

«Ich habe viele Lektionen von diesen Leuten gelernt, … aber eine ist hier von besonderer Bedeutung: Ich fand, daß diese Menschen häufig berichteten, so etwas wie mystische Erlebnisse gehabt zu haben (peak experiences), Momente von tiefer Ehrfurcht, Momente intensivsten Glücks oder sogar der Verzückung, Ekstase oder Seligkeit. Ich sage Seligkeit, weil das Wort Glück manchmal zu schwach ist, um diese Erfahrung zu beschreiben.»

Wie kann eine Schulung zu Gesundheit und Menschlichkeit aussehen?

Die Frage bleibt aber: Wie wird man so gesund? Ist eine Selbsterziehung zu Gesundheit und Menschlichkeit möglich? (Vgl. Antonovsky 1997 u. Glöckler 1998.)

In seinen Büchern «Wie erlangt man Erkenntnisse der höheren Welten?», «Die Geheimwissenschaft im Umriß» und «Theosophie» hat Rudolf Steiner – den ich hier als Beispiel für einen erfahrenen Lehrer auf dem Gebiet der Selbstentwicklung nennen möchte – genau zu dieser Frage Stellung genommen und ausgeführt:

> «Es schlummern in *jedem* Menschen Fähigkeiten, durch die er sich Erkenntnisse über höhere Welten erwerben kann» (Steiner GA 10, S. 16).

Jeder kann lernen, menschlicher zu werden, wenn er die göttlich-geistigen Daseinsbereiche in sich selber bewußt macht, «erweckt».

Es folgen dann Schilderungen über den Pfad der Verehrung, das Erwerben der inneren Ruhe, die Ausbildung von Seelenorganen in Form bestimmter Eigenschaften, mit deren Hilfe man sensibel wird für den seelischen Ausdruck und die Eigenart von Wesen und Vorgängen. Beim Lesen dieser Schriften lernt man völlig neue Gedanken über sich selbst, die Entwicklung und das Leben denken und bemerkt, wie man schon durch das bloße Lesen, das ruhige Gedanke-nach-Gedanke-durch-die-Seele-ziehen-Lassen etwas von einer Reinheit und Menschlichkeit in sich empfindet, die man vorher so bewußt nicht erleben konnte.

Das Leben als Einweihungsweg

Dann aber nehmen die Schilderungen in den genannten Büchern immer wieder eine besondere Wendung hin zum Leben, hin zum Alltag. Es wird sehr deutlich ausgearbeitet, daß die Aneignung von Wissen, Impulsen zur Höherentwicklung oder meditative Übungen nur dann segensreich sind, wenn man die Ergebnisse dieser Arbeit für das tägliche Leben fruchtbar machen will. Selbstentwicklung, so verstanden, bedeutet lebenserfahren zu werden und das Leben in all seinen Facetten, in seinen Höhen und Tiefen zu entdecken. Wie will man denn letztlich so großartige menschliche Charaktereigenschaften lernen wie Verehrung, innere Ruhe, Mut und Zuversicht, Hoffnung, Treue, Andacht, Liebe und Wahrhaftigkeit bis hin zur Autonomie, die auch die Autonomie anderer zutiefst bejaht – wenn diese Eigenschaften nicht im Alltag Bestand haben, ja sich geradezu in der Alltagssituation erst ausbilden und bewähren? So formuliert Steiner:

> «Aber auch das Leben selbst ist namentlich nach dieser Richtung hin (gemeint ist hier die Ausbildung von Mut und

Furchtlosigkeit. Anm. d. Verf.) eine gute Geheimschule; vielleicht die beste. Einer Gefahr ruhig ins Auge schauen, Schwierigkeiten ohne Zagen überwinden wollen: Solches muß der Geheimschüler können. Er muß zum Beispiel einer Gefahr gegenüber sich sofort zu der Empfindung auf-raffen: Meine Angst nützt nach gar keiner Seite; ich darf sie gar nicht haben; ich muß nur an das denken, was zu tun ist» (Steiner GA 10, S. 71).

Rudolf Steiner benützt hier das Wort «Geheimschüler», weil die Arbeit an sich selbst etwas ist, was man im verborgenen für sich vornimmt und nicht demonstrativ nach außen kundgibt. In An-knüpfung an alte esoterische Traditionen spricht er auch bei der Beschreibung des Einweihungsvorganges von der «Feuerprobe», der «Wasserprobe» und der «Luftprobe». Dabei kommt wieder die Wendung zum Leben:

«Für manche Menschen ist das gewöhnliche Leben selbst schon ein mehr oder weniger unbewußter Einweihungs-prozeß durch die Feuerprobe. Es sind das diejenigen, wel-che durch reiche Erfahrungen von solcher Art durchgehen, daß ihr Selbstvertrauen, ihr Mut und ihre Standhaftigkeit in gesunder Weise groß werden und daß sie ihr Leid, Enttäu-schung, Mißlingen von Unternehmungen mit Seelengröße und namentlich mit Ruhe und in ungebrochener Kraft er-tragen lernen. Wer Erfahrungen in dieser Art durchgemacht hat, der ist oft schon, ohne daß er es deutlich weiß, ein Ein-geweihter; und es bedarf dann nur eines wenigen, um ihm

geistige Ohren und Augen zu öffnen, so daß er ein Hell-
sehender wird» (Steiner GA 10, S. 77).

Mit Bezug auf die Wasserprobe heißt es:
«Wieder kann daher diese Probe von denen leichter be-
standen werden, die vor der Einweihung durch ein Leben
gegangen sind, das ihnen die Erwerbung der Selbstbeherr-
schung gebracht hat. Wer sich die Fähigkeit erworben hat,
hohen Grundsätzen und Idealen mit Hintansetzung der
persönlichen Laune und Willkür zu folgen, wer versteht,
die Pflicht auch immer da zu erfüllen, wo die Neigungen
und Sympathien gar zu gerne von dieser Pflicht ablenken
wollen, der ist *unbewußt* schon mitten im gewöhnlichen
Leben ein Eingeweihter» (GA 10, S. 83).

Und bezüglich der Luftprobe heißt es:
«Und nicht weniger als in den anderen Fällen ist auch für
diesen Punkt das gewöhnliche Leben für viele Menschen
schon eine Geheimschule. Personen, die es dahin gebracht
haben, daß sie, vor plötzlich an sie herantretende Lebens-
aufgaben gestellt, ohne Zögern, ohne viel Bedenken eines
raschen Entschlusses fähig sind, ihnen ist das Leben eine
solche Schulung. Die geeigneten Lagen sind diejenigen, wo
ein erfolgreiches Handeln sofort unmöglich wird, wenn
der Mensch nicht rasch eingreift. Wer rasch bei der Hand
ist, zuzugreifen, wenn ein Unglück in Sicht ist, während
durch einige Augenblicke Zögerung das Unglück bereits

geschehen wäre, und wer eine solche rasche Entschluß-
fähigkeit zu einer bleibenden Eigenschaft bei sich gemacht
hat, der hat unbewußt die Reife für die dritte «Probe» erworben. Denn auf die Heranbildung der unbedingten *Gei-
stesgegenwart* kommt es bei ihr an» (Steiner GA 10, S. 86).

Negative Eigenschaften wie Zorn, Haß, Neid gilt es in ehrlicher
Selbsterkenntnis sich bewußt zu machen und soweit als irgend
möglich im täglichen Arbeiten an sich selbst zu überwinden
trachten. Eine Hilfe dazu ist die tägliche Rückschau am Abend,
bei der man sich die Situation des Zornes oder des Hasses möglichst ruhig, so, als ob man einem Fremden zuschaute, wieder vor
das innere Auge führt und sich ganz und gar mit der Wahrheit
durchdringt, wie unfruchtbar für ein konstruktives Bewältigen
schwieriger Lebenssituationen das Steckenbleiben in solchen
Emotionen ist.

Steiner nennt auch die entwicklungsfeindlichen Eigenschaften klar beim Namen:

«Zu den Eigenschaften, die zum Beispiel ebenso bekämpft
werden müssen wie Zorn und Ärger, gehören Furchtsam-
keit, Aberglaube und Vorurteilssucht, Eitelkeit und Ehrgeiz,
Neugierde und unnötige Mitteilungssucht, das Unter-
schiedmachen in bezug auf Menschen nach äußerlichen
Rang-, Geschlechts-, Stammeskennzeichen und so weiter.
In unserer Zeit wird man recht schwer begreifen, daß die
Bekämpfung solcher Eigenschaften etwas zu tun habe mit
der Erhöhung der Erkenntnisfähigkeit. Aber jeder Geheim-

wissenschafter weiß, daß von solchen Dingen viel mehr ab-
hängt als von der Erweiterung der Intelligenz und von dem
Anstellen künstlicher Übungen. Insbesondere kann leicht
ein Mißverständnis darüber entstehen, wenn manche glauben, daß man sich tollkühn machen solle, wenn man furcht-
los sein soll, daß man sich vor den Unterschieden der Menschen verschließen soll, weil man die Standes-, Rassen- und
so weiter Vorurteile bekämpfen soll. Man lernt vielmehr erst
richtig erkennen, wenn man nicht mehr in Vorurteilen befangen ist. Schon in gewöhnlichem Sinne ist es richtig, daß
mich die Furcht vor einer Erscheinung hindert, sie klar zu
beurteilen, daß mich ein Rassenvorurteil hindert, in eines
Menschen Seele zu blicken. Diesen gewöhnlichen Sinn muß
der Geheimschüler in großer Feinheit und Schärfe bei sich
zur Entwicklung bringen» (Steiner GA 10, S. 95).

Das Spezifische der anthroposophischen Schulung

Die genannten Aspekte und Beispiele machen das Prinzipielle
dieses anthroposophischen Schulungsweges deutlich: Er beginnt
mit dem Denken über einen Sachverhalt oder eine zu erlernende
Eigenschaft. Man kann sie sich in aller Ruhe vor Augen führen,
die eigene Lebenserfahrung daran messen und überlegen, wann
und wie man diese Eigenschaft für sich schon zur Erfahrung gebracht hat und welche Bedingungen herbeigeführt werden müssen, sie weiter auszubilden. Dazu gibt es sowohl die Möglichkeit

regelmäßiger Meditationen über solche Gedanken- und Ge-
fühlseigenschaften als auch die Möglichkeit, sie sich während
bestimmter Wochen oder Monate als Übung im Alltag vorzuneh-
men, das heißt, sie während des Tages – bei bestimmten Verrichtungen, in gewissen Gesprächssituationen oder anläßlich von
Begegnungen – systematisch zu erüben. Dadurch lernt man, daß
Gedanken Wirklichkeiten sind – denn man erlebt, wie etwas, was
man zu Beginn nur gedacht hat, allmählich eine Wesenseigen-
schaft wird, das heißt ein Stück der eigenen Identität. Auf diese
Weise erfährt man sein eigenes Wesen geistig-gedanklich immer
deutlicher geweckt, erwachend in klaren Gedanken und Empfindungen. Allerdings erlebt man auch, wie die negativen, selbstbe-
zogenen und triebhaften Eigenschaften ebenfalls stärker werden
und sich diesen Bemühungen entgegenstellen. Dies hängt zum
einen damit zusammen, daß man empfindlicher und wahrneh-
mender für alles Negative wird, weil dieses durch den Kontrast der
positiven Wesenseigenschaften, um die man sich bemüht, viel
deutlicher zum Bewußtsein kommt. Zum anderen ist es aber auch
so, daß man durch die Übungen freier wird und das Seelisch-Gei-
stige auch dem eigenen Körper gegenüber mehr Autonomie erhält und dieser deshalb mit den ihm eingeborenen Instinkten und
Trieben ein stärkeres Widerlager bilden kann.

Daher ist es wichtig, bestimmte Bedingungen für das Leben
einzuhalten, die für ein gesundes Gleichgewicht sorgen und gute
Gewohnheiten veranlagen, die in den Höhen und Tiefen des
Lebens zur Stütze werden und man nicht aus dem Gleichgewicht
gerät. Es sind dies zum einen die sogenannten «Nebenübungen»

(vgl. den Beitrag von R. Grimm in diesem Band) und zum anderen die sogenannten «Sieben Bedingungen zur Geheimschulung». Diese Bedingungen seien hier abschließend dargelegt, weil sie zugleich sieben ethische Grundhaltungen sind, die man allein oder zusammen mit anderen üben kann. Sie helfen, die Quelle eines tief ethisch-moralischen Verhältnisses gegenüber Mensch und Welt zu entwickeln.

Steiner bemerkt dazu:

> «Es muß betont werden, daß bei keiner dieser Bedingungen eine *vollständige* Erfüllung verlangt wird, sondern lediglich das *Streben* nach einer solchen Erfüllung. *Ganz* erfüllen kann die Bedingungen niemand; aber sich auf den Weg zu ihrer Erfüllung begeben kann jeder. Nur auf den Willen, auf die Gesinnung, sich auf diesen Weg zu begeben, kommt es an» (Steiner GA 10, S. 103).

Sieben Bedingungen für eine ethische Grundhaltung

> «Die erste Bedingung ist: Man richte sein Augenmerk darauf, die körperliche und geistige *Gesundheit* zu fördern. Wie gesund ein Mensch ist, das hängt zunächst natürlich nicht von ihm ab. Danach trachten, sich nach dieser Richtung zu fördern, das kann ein jeder» (Steiner GA 10, S. 103).

Da könnte man nun meinen, hier sei eine Anleitung zum Gesundheitsegoismus gegeben. Im folgenden wird jedoch geschildert, wie wir das richtige Verhältnis zum Genuß finden lernen können – und zur Pflicht. Körper und Seele sind in der täglichen Arbeit eingespannt, und es kommt vor, daß man oft der Pflicht zuliebe über seine Gesundheit hinwegsehen muß. Man verzichtet vielleicht auf eine Mahlzeit, oder man muß eine Nacht halb oder ganz durcharbeiten, damit es weitergehen kann. Das heißt, die Arbeit fordert von uns oft ein Nicht-Rücksicht-Nehmen auf die Gesundheit. Was dann kränkend wirken kann, soll nun ausgeglichen werden durch das richtige Verhältnis zum Genuß. Wir können lernen, intensiv zu genießen, aber so, daß dieser Genuß uns die Kraft gibt, die Arbeit besser und zufriedener zu tun. Es geht darum, zu lernen, nie den Genuß als Selbstzweck aufzusuchen – der dann Kraft kostet –, sondern so genießen zu lernen, daß Kraft und neue Motivation für das Leben und die Entwicklung daraus entstehen. Für Menschen, die nicht genießen können, ist es besonders wichtig, sich klarzumachen, daß der Genuß eine Grundbedingung für die Erhaltung der Gesundheit ist, die Seele und Leib brauchen. Das Problem ist nur, darin bewußt bleiben zu können und im richtigen Augenblick auch wieder aufzuhören, nach dem Motto: «Man sollte mit dem Essen aufhören, wenn es am besten schmeckt.» Genießen wir über den Höhepunkt hinaus oder mit Hilfe von gesundheitsschädigenden Drogen oder Genußmitteln, so bedürfen wir auch noch der Erholung vom Genuß.

«Die zweite Bedingung ist, sich als *ein Glied* des ganzen Lebens zu fühlen. In der Erfüllung dieser Bedingung ist viel eingeschlossen. Aber ein jeder kann sie nur auf seine eigene

Art erfüllen. Bin ich Erzieher und mein Zögling entspricht
nicht dem, was ich wünsche, so soll ich mein Gefühl
zunächst nicht gegen den Zögling richten, sondern gegen
mich selbst. Ich soll mich so weit als eins mit meinem Zögling fühlen, daß ich mich frage: ‹Ist das, was beim Zögling
nicht genügt, nicht die Folge meiner eigenen Tat?› Statt
mein Gefühl gegen ihn zu richten, werde ich dann vielmehr darüber nachdenken, wie ich mich selbst verhalten
soll, damit in Zukunft der Zögling meinen Forderungen
besser entsprechen könne. Aus solcher Gesinnungsart heraus ändert sich allmählich die ganze Denkungsart des Menschen. Das gilt für das Kleinste wie für das Größte. Ich sehe
aus solcher Gesinnung heraus zum Beispiel einen Verbre-
cher anders an als ohne dieselbe. Ich halte zurück mit meinem Urteile und sage mir: ‹Ich bin nur ein Mensch wie dieser. Die Erziehung, die durch die Verhältnisse mir geworden
ist, hat mich *vielleicht* allein vor seinem Schicksale bewahrt.›
Ich komme dann wohl auch zu dem Gedanken, daß dieser
Menschenbruder ein anderer geworden wäre, wenn die
Lehrer, die ihre Mühe auf mich verwendet haben, sie hätten ihm angedeihen lassen. Ich werde bedenken, daß mir
etwas zuteil geworden ist, was ihm entzogen war, daß ich
mein Gutes gerade dem Umstand verdanke, daß es ihm entzogen worden ist. Und dann wird mir die Vorstellung auch
nicht mehr ferne liegen, daß ich nur ein Glied in der ganzen
Menschheit bin und *mitverantwortlich* für alles, was geschieht» (Steiner GA 10, S. 105).

Wer diese Bedingung übt, bemerkt – auch mit einiger Bestürzung –, in wie hohem Maß er durch sein Verhalten Macht ausübt. Wenn mich jemand ärgert und ich auf derselben Ebene reagiere, so kann die Situation leicht eskalieren oder eine anhaltende Mißstimmung die Folge sein. Man lasse sich jedoch durch die Beleidigung nicht zu einer entsprechenden Gegenreaktion hinreißen, sondern gehe mit der Frage aus solch einem Ereignis heraus: Wie muß ich mich verhalten, damit auch dieser Mensch sich von einer besseren Seite zeigen kann? Oder: Was muß in ihm vorgegangen sein, was hat er vielleicht zu Hause erlebt, daß seine Hemmschwelle so niedrig war, mir diese ganzen Unverschämtheiten so unverblümt zu sagen? Selbst wenn man diese Fragen nicht beantworten kann, bedeutet schon die Tatsache, daß man sie ehrlich stellt und den anderen nicht verurteilt, einen wichtigen Schritt. Nicht selten kommt es vor, daß der andere sich nach einer gewissen Zeit in seinem Verhalten ändert.

Damit hängt die dritte Bedingung für die Geheimschulung unmittelbar zusammen:

> «… daß seine Gedanken und Gefühle ebenso Bedeutung für die Welt haben wie seine Handlungen. Es muß erkannt werden, daß es ebenso verderblich ist, wenn ich meinen Mitmenschen hasse, wie wenn ich ihn schlage. Dann komme ich auch zu der Erkenntnis, daß ich nicht nur für mich etwas tue, wenn ich mich selbst vervollkomme, sondern auch für die Welt. Aus meinen reinen Gefühlen und Gedanken zieht die Welt ebensolchen Nutzen wie aus meinem Wohlverhal-

ten» (Steiner GA 10, S. 107). Wie wirksam gute Gedanken und Gefühle im Hinblick auf andere Menschen sein können, weiß jeder, der Menschen in seinem Umkreis hat, an die er mit Liebe, Achtung und Wertschätzung denkt. Kinder, denen mit liebevollem Respekt begegnet wird, wachsen in einer solchen Atmosphäre wie in einem moralischen Schutzwall auf, der sie den üblichen täglichen Ärger, beängstigende Erlebnisse mit einer ganz anderen inneren Sicherheit verkraften läßt, als es ohne einen solchen Schutz möglich wäre.

Die vierte Bedingung ist die Aneignung der

«Ansicht, daß des Menschen eigentliche Wesenheit nicht im Äußerlichen, sondern im Inneren liegt. Wer sich nur als Produkt der Außenwelt ansieht, als ein Ergebnis der physischen Welt, kann es in der Geheimschulung zu nichts bringen. Sich als seelisch-geistiges Wesen fühlen ist eine Grundlage für solche Schulung. Wer zu solchem Gefühle vordringt, der ist dann geeignet zu unterscheiden zwischen innerer Verpflichtung und dem äußeren Erfolg. Er lernt erkennen, daß das Eine nicht unmittelbar an dem Anderen gemessen werden kann. Der Geheimschüler muß die rechte Mitte finden zwischen dem, was die äußeren Bedingungen vorschreiben, und dem, was er als das Richtige für sein Verhalten erkennt. Er soll nicht seiner Umgebung etwas aufdrängen, wofür diese kein Verständnis haben kann; aber er soll auch ganz frei sein von der Sucht, nur das zu tun , was von dieser Umgebung anerkannt werden kann. Die Anerkennung für seine Wahrheiten muß er einzig und allein in der Stimme seiner ehrlichen, nach Erkenntnis ringenden Seele suchen. Aber *lernen* soll er von seiner Umgebung, soviel er nur irgend kann, um herauszufinden, was ihr frommt und nützlich ist. So wird er in sich selbst das entwickeln, was man in der Geheimwissenschaft die «geistige Waage» nennt. Auf einer ihrer Waageschalen liegt ein «offenes Herz» für die Bedürfnisse der Außenwelt, auf der anderen «innere Festigkeit und unerschütterliche Ausdauer» (Steiner GA 10, S. 108).

Die fünfte Bedingung ist

«die Standhaftigkeit in der Befolgung eines einmal gefaßten Entschlusses. Nichts darf den Geheimschüler dazu bringen, von einem gefaßten Entschluß abzukommen, als lediglich die Einsicht, daß er im Irrtume befangen ist. Jeder Entschluß ist eine Kraft, und wenn diese Kraft auch nicht einen unmittelbaren Erfolg da hat, wohin sie zunächst gewandt ist, sie wirkt in ihrer Weise. Der Erfolg ist nur entscheidend, wenn man eine Handlung aus Begierde vollbringt. Aber alle Handlungen, die aus Begierde vollbracht werden, sind wertlos gegenüber der höheren Welt. Hier entscheidet allein die *Liebe* zu einer Handlung. In dieser *Liebe* soll sich ausleben alles, was den Geheimschüler zu einer Handlung treibt. Dann wird er auch nicht erlahmen, einen Entschluß immer wieder in Tat umzusetzen, wie oft er ihm auch mißlungen sein mag» (Steiner GA 10, S. 109).

«Eine sechste Bedingung ist die Entwickelung des Gefühles der *Dankbarkeit* gegenüber allem, was dem Menschen zukommt. Man muß wissen, daß das eigene Dasein ein Geschenk des ganzen Weltalls ist. Was ist alles notwendig, damit jeder von uns sein Dasein empfangen und fristen kann! Was verdanken wir der Natur und anderen Menschen! Zu solchen Gedanken müssen diejenigen geneigt sein, die Geheimschulung wollen. Wer sich ihnen nicht hingeben kann, der vermag nicht in sich jene *All-Liebe* zu entwickeln, die notwendig ist, um zu höherer Erkenntnis zu kommen. Etwas, das ich nicht liebe, kann sich mir nicht offenbaren. Und eine jede Offenbarung muß mich mit Dank erfüllen, denn ich werde durch sie reicher» (Steiner GA 10, S. 109).

Und schließlich heißt es:

«Alle die genannten Bedingungen müssen sich in einer siebenten vereinigen: Das Leben unablässig in dem Sinne aufzufassen, wie es die Bedingungen fordern. Dadurch schafft sich der Zögling die Möglichkeit, seinem Leben ein einheitliches Gepräge zu geben. Seine einzelnen Lebensäußerungen werden miteinander im Einklang, nicht im Widerspruche stehen. Er wird zu der Ruhe vorbereitet sein, zu welcher er kommen muß während der ersten Schritte in der Geheimschulung» (Steiner GA 10, S. 110).

Der Blick auf den Weg der eigenen Schulung macht deutlich, daß wir als Menschen zwar unvollkommen und lernbedürftig, vor allem aber entwicklungsfähig sind. Immer mehr Menschlichkeit läßt sich lernen, wenn man bereit ist, sie zu denken und zu empfinden, zu üben und immer wieder neu zu wollen.

Literatur

Antonovsky, A. (1997): Salutogenese: zur Entmystifizierung der Gesundheit. Tübingen: Dgvt-Verlag.

Glöckler, M. (1998): Gesundheit und Schule. Dornach: Verlag am Goetheanum.

Nefiodow, L. A. (2000): Der sechste Kondratieff. Wege zur Produktivität und Vollbeschäftigung im Zeitalter der Information. Bonn.

Maslow, A. (1999): Motivation und Persönlichkeit. Hamburg.

Steiner, R. (1987): Theosophie. Einführung in übersinnliche Welterkenntnis und Menschenbestimmung. GA 9. Dornach: Rudolf Steiner Verlag.

Steiner, R. (1993): Wie erlangt man Erkenntnisse der höheren Welten? GA 10. Dornach: Rudolf Steiner Verlag.

Steiner, R. (1955): Die Geheimwissenschaft im Umriß. GA 13. Dornach: Rudolf Steiner Verlag.